金襴と菊

台のまりには、楚楚として可憐な糸菊を、また赤い土台まりには、優美ではなやかな金襴たばね熨斗をかがり、黒い土台には、しっくりと落ち着いた古典的イメージで京の菊をかがって調和させました。

上糸菊54ページ　**中**京の菊40ページ　**下**金襴たばね熨斗34ページ

花のてまりI

緑あざやかな苔と竹垣に、色とりどりのてまりを配し、大小のてまりがそれぞれにハーモニーを奏でています。

1五角の交差70ページ　**2**三つの五角の交差62ページ　**3**綾とり星71ページ　**4**枯れ草と落ち葉44ページ　**5**連続かがり48ページ　**6**つむ型と三つ羽根亀甲71ページ　**7**桜70ページ　**8**菱形遊び(1)58ページ　**9**四つ葉と麻の葉69ページ　**10**くちなし64ページ（番号の表示がないものは参考作品です）

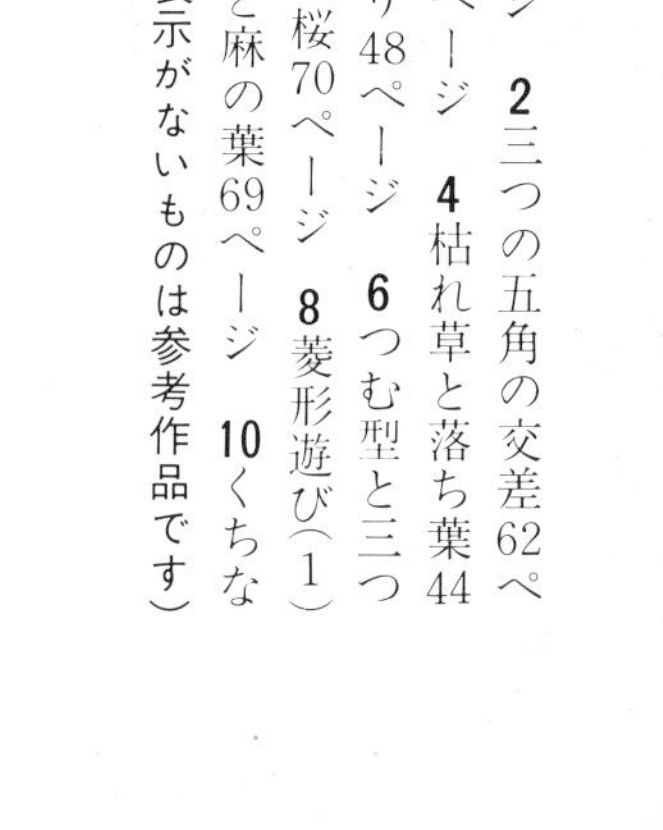

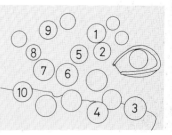

花のてまりII

竹矢来にバラ、りんどう、桜など花のてまりを組み合わせて、竹の質感とてまりの繊細な美しさを強調しました。

1こもも71ページ　**2**サイネリヤ60ページ　**3**花籠《かご》68ページ　**4**五角かがりと八重菊66ページ　**5**バラと三つ羽根亀甲70ページ　**6**麻の葉とバラ69ページ　**7**りんどう40ページ　**8**五角と三角の交差71ページ　**9**花友禅56ページ　**10**白山きすげ50ページ　**11**八重桜71ページ

幾何模様てまりⅠ

重厚な机にカラフルなてまりをころがしてみましょう。陶製人形といっしょにつむ型や幾何学模様のてまりが、何かを語りかけてくるようです。

1 星のねじり70ページ　**2** 巻きと四角・三角の交差69ページ　**3** 四角と大きな三角の交差52ページ　**4** 五角と三角の交差70ページ　**5** つむ型模様（１）40ページ

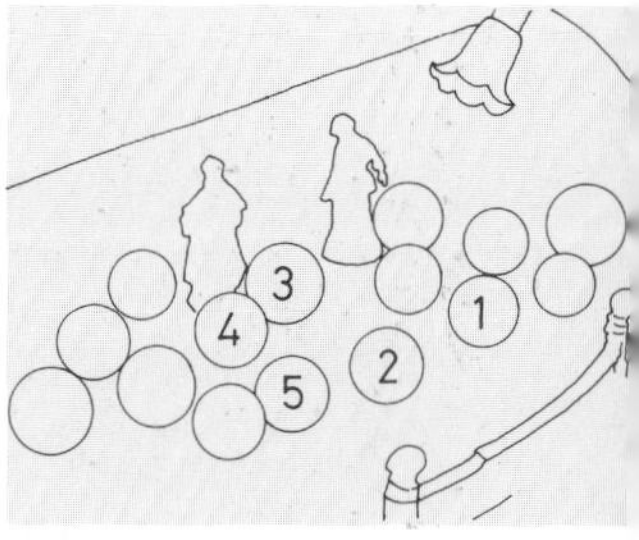

郷土のてまり
てまり12か月

幾何模様てまりII

モダンな白木の食卓には、色とりどりのてまりがよく似合い、部屋全体が明るく楽しいイメージになりました。

1麻の葉54ページ　**2**変わり麻の葉62ページ　**3**ねじり三菱とねじり三角65ページ　**4**三角筐68ページ　**5**六角つなぎ42ページ　**6**立山杉（4）64ページ　**7**かすり（1）68ページ　**8**万華鏡56ページ　**9**変わり七宝52ページ　**10**立山杉（3）46ページ　**11**三菱と三角64ページ　**12**かすり（2）68ページ　**13**四角と三角のねじり52ページ

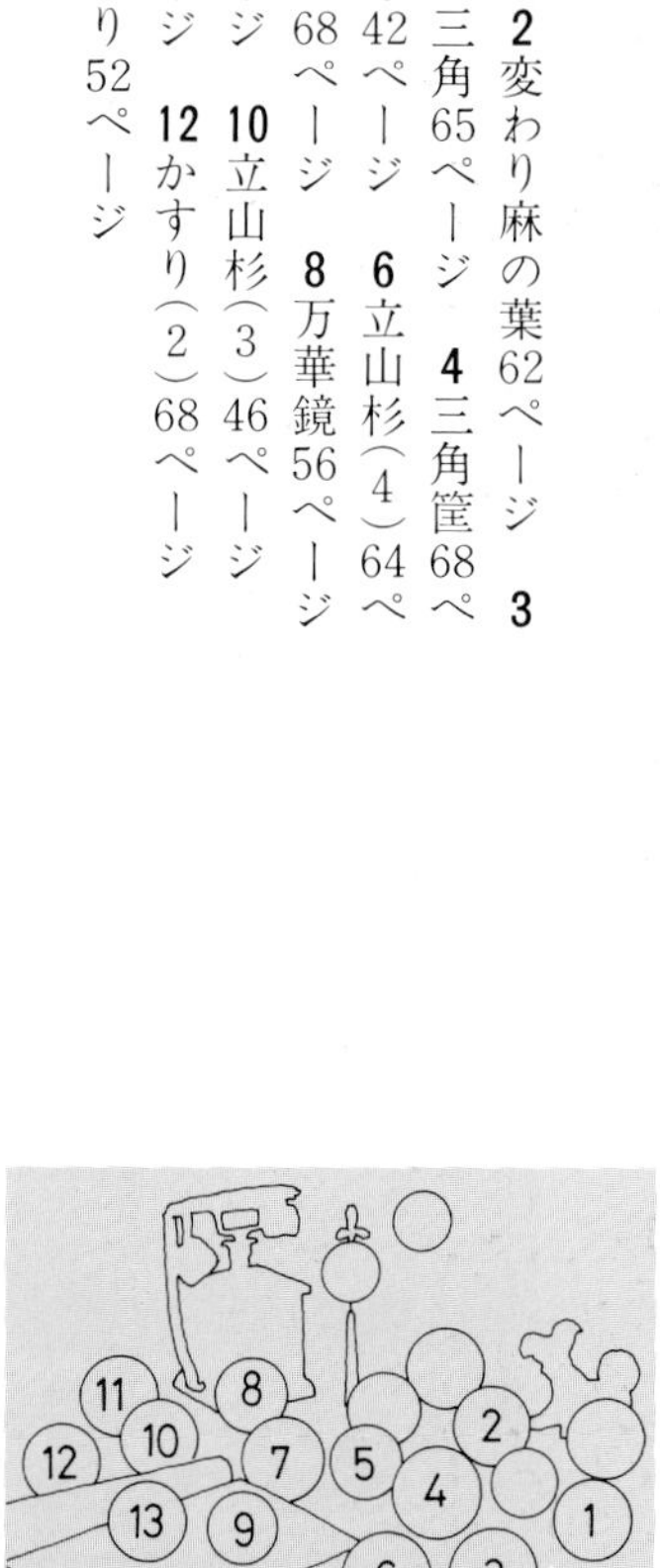

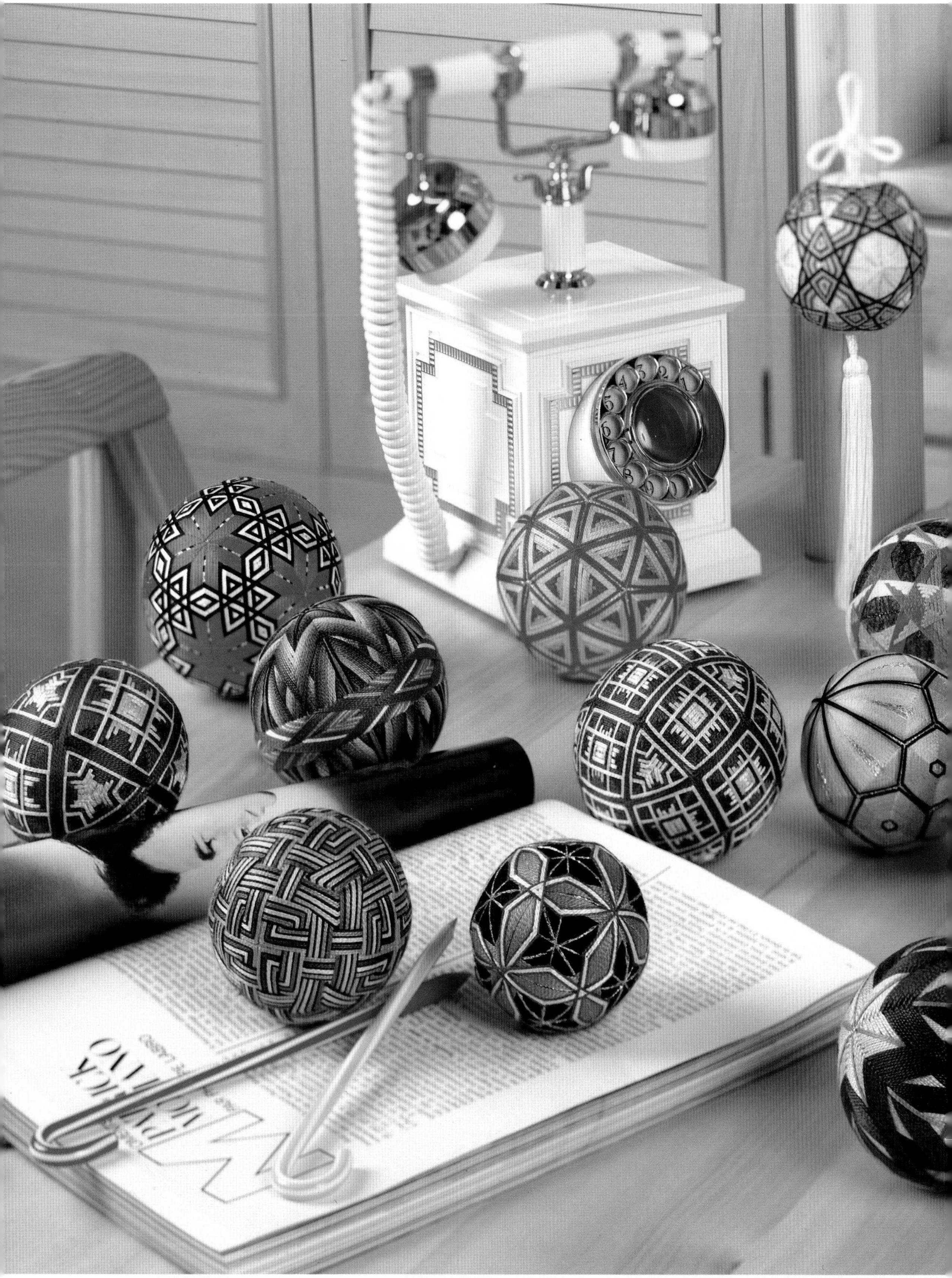

モダンなてまり

それぞれ意匠を凝らしたモダンなてまり達が、色違いのペアーで、あるいは個々にその美しさを主張しています。

1花と蝶50ページ　**2**三角と四角の交差65ページ　**3**千鳥格子(2)65ページ　**4**かざぐるま(2)54ページ　**5**かざぐるま(1)50ページ　**6**蝶(A)69ページ

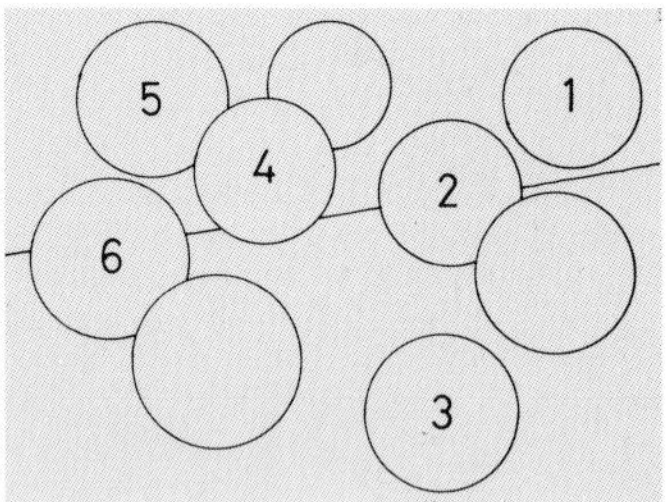

1

2

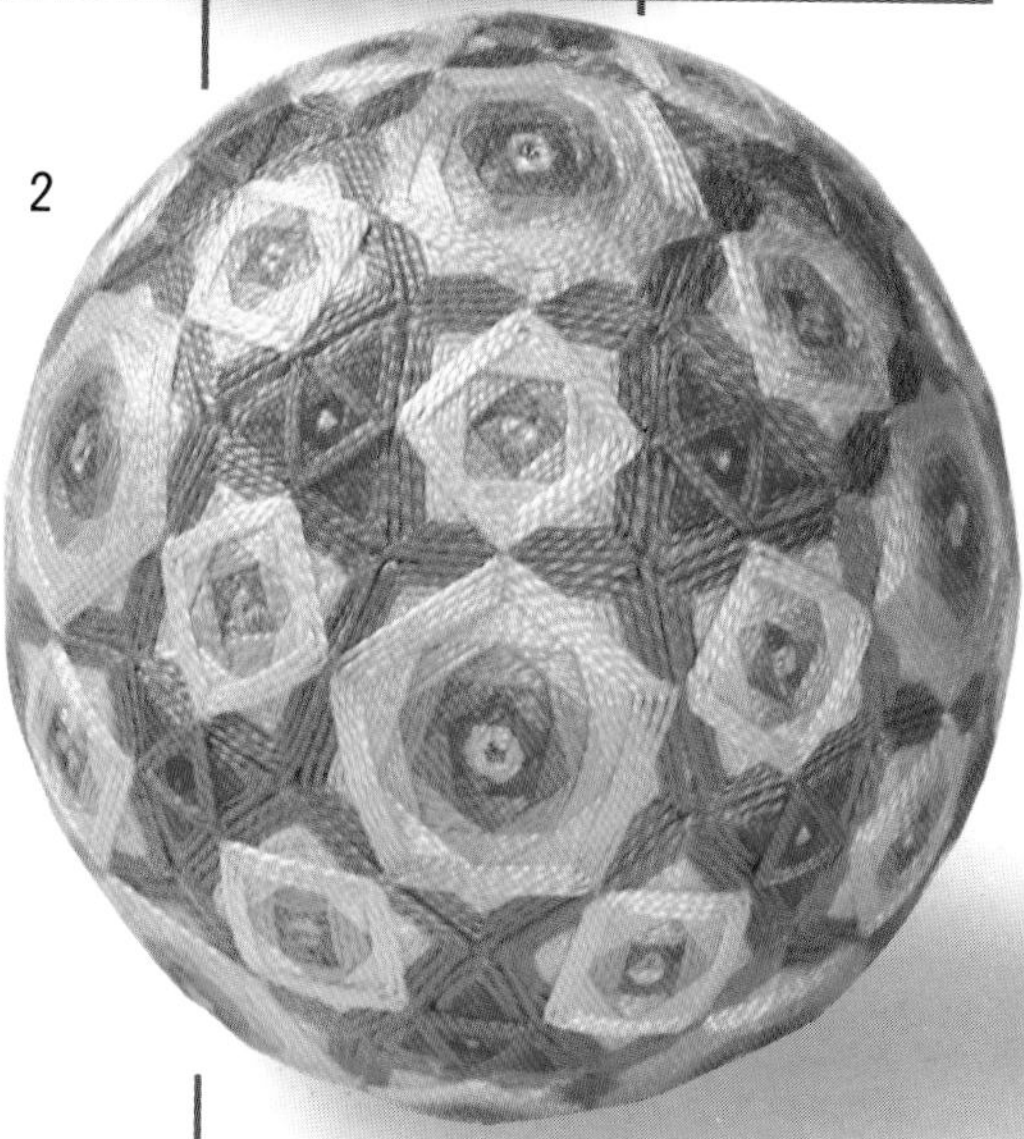

3

シックなてまり

洒落《しゃれ》た色、柄のてまりばかりを集めてみました。昔からある模様を現代風にアレンジするのもよいでしょう。

1二重四角と三角の交差48ページ　**2**ミニバラ64ページ　**3**紺がすり(1)36ページ　**4**ねじり模様65ページ　**5**矢絣69ページ　**6**市松模様69ページ

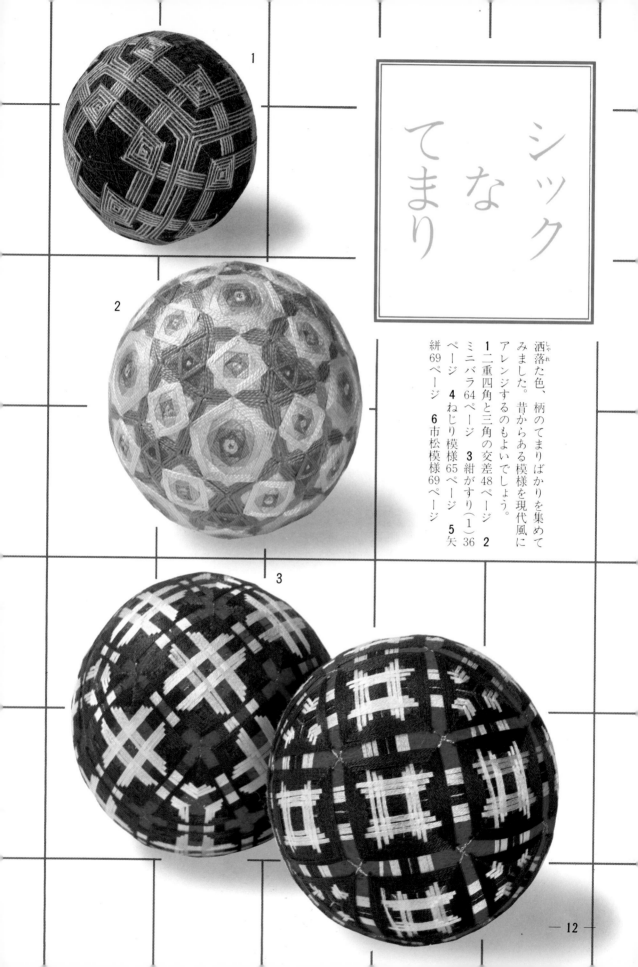

4
5
6

赤を主体にして

ここでは赤を基調色に、モダンでちょっと変化をつけたてまりを集めてみました。
1麻の葉と巻きかがり42ページ **2**裂《きれ》てまり68ページ **3**蝶44ページ **4**綾糸44ページ

1

2

3

4

緑を主体にして

ひときわ冴える鮮かなグリーンを用いて楽しいてまりを作っています。

1加賀の麻60ページ　**2**バラ八輪67ページ　**3**立山杉（1）42ページ　**4**五角梅づくし66ページ

1

2

3

4

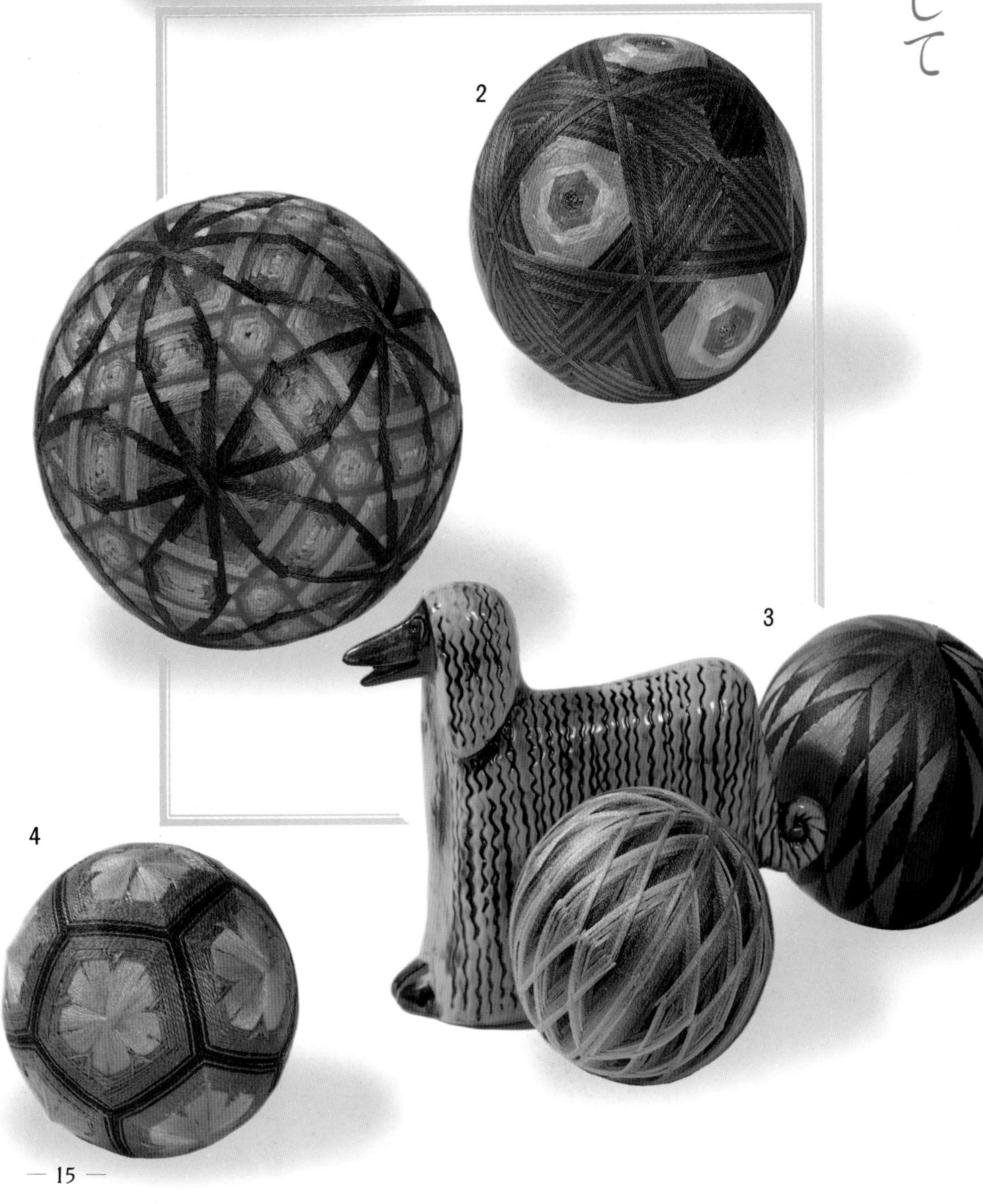

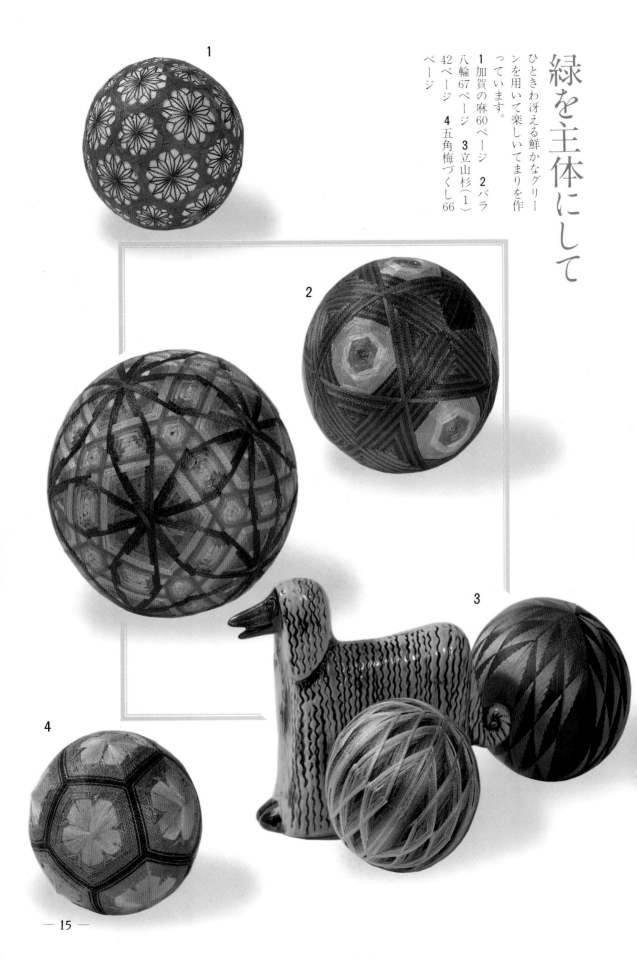

淡い色調で

ねじりかがりや交差かがりをアレンジして５種かがってみました。
1 ねじり文様（２）38ページ　**2** キーホルダー58ページ　**3** ねじり文様（１）37ページ

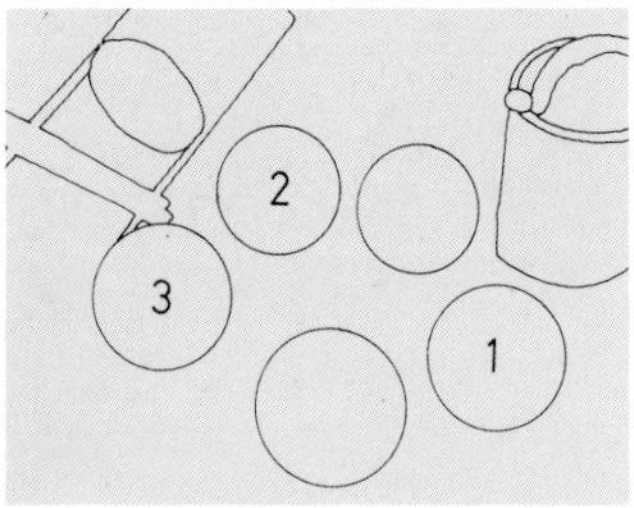

夏の追想

ヨットや魚、貝など、海の風景をテーマに夏の風情をかがってみました。
1 緋《ひ》扇《おうぎ》貝35ページ　2 ヨットレース18ページ　3 波とくじら46ページ　4 波とヨット19ページ　5 魚一匹19ページ

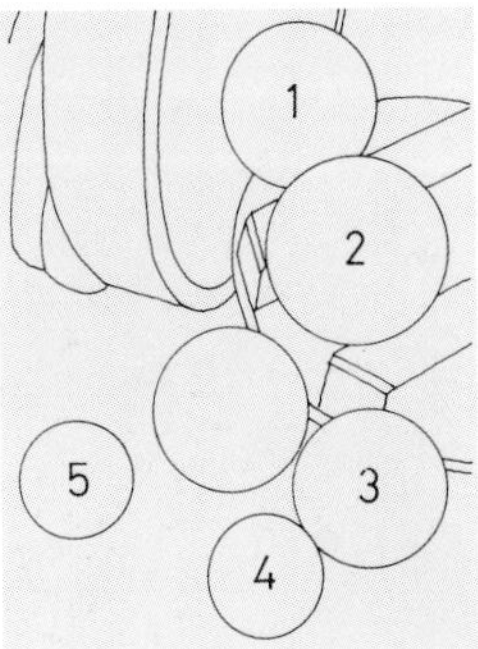

夏の追想

巻きかがりのてまり

■ヨットレース

口絵カラー17ページ

土台まり／円周34cm（直径約11cm）。

地巻き糸／コスモの白い地巻き糸使用。

かがり糸／コスモ25番刺繍糸3本どり。青濃淡（216・164） 赤（798） 黄（300） 白（2500） 青緑（900） 茶（129） 緑ラメ糸　銀糸　しつけ糸。

地割りとかがり方の順序

❶ 赤道を待針で6等分しますが、地割りはしつけ糸で図のように2本だけしします。

❷ 2本の地割りの両側に2.4cm間隔で、2本ずつ合計8本、地割りを増します。

❸ 図のように、斜め縦糸はヨット、横糸は波になります。

ヨットは左から赤、黄、白、青緑を矢印方向に1段ずつ1周して、波は始めに白1段ずつ4か所に巻きます（ヨット、波のかがり糸は、赤道で交差することになる）。

❹ ❸のヨットと波を交互に繰り返して巻きますが、ヨットは左から右へ、波は下から上（極側）へと交互に巻きます。

また、波は白の次に淡青2段、濃青1段を1段ずつ繰り返します。

❺ ヨットは1cm手前までできたら、一番最後の段（巻き終わりになるところ）から中側に向かって巻いて、波はそのまま下から上へと巻いていきます。

❻ ヨットの巻き終わりは、マスト（帆柱）になるよう茶を1周して仕上げます。

波の最後は淡青、白、茶で巻きます。

❼ 菱形（白土台）大小各2か所に、緑ラメ糸で松葉かがりをします。

❽ 赤道に白と濃青で約0.6cmの帯を巻いて、銀ラメ糸1段で千鳥かがりをします。

（弁野方子）

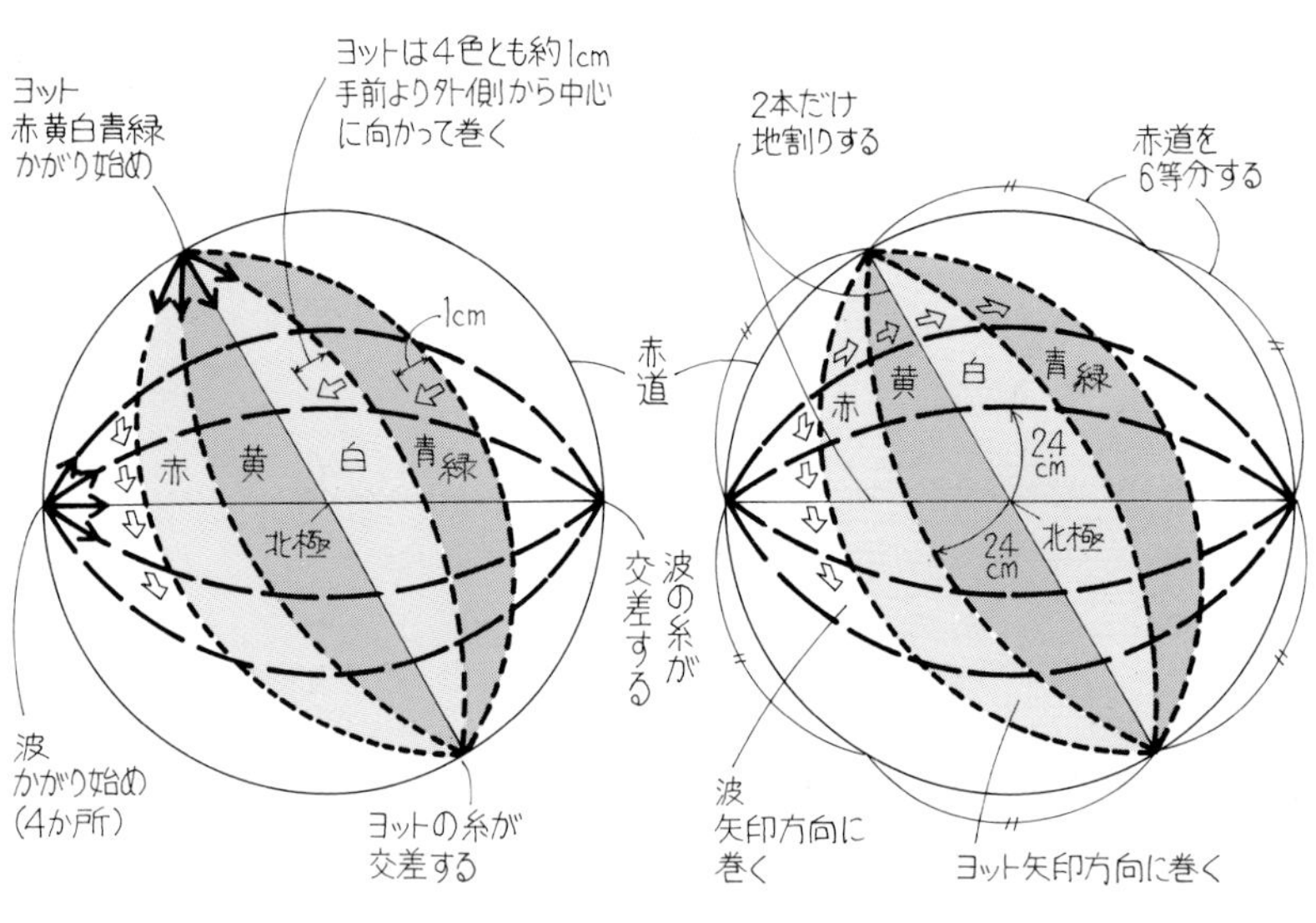
ヨット
赤黄白青緑
かがり始め
ヨットは4色とも約1cm
手前より外側から中心
に向かって巻く
1cm
赤
黄
白
青緑
北極
波
かがり始め
(4か所)
ヨットの糸が
交差する
赤道
波の糸が
交差する
2本だけ
地割りする
赤道を
6等分する
24cm
24cm
波
矢印方向に
巻く
ヨット矢印方向に巻く

地割り…しつけ糸
- ヨット（上下同時に）
  - 赤23周　茶1周
  - 黄23周　茶1周
  - 白23周　茶1周
  - 青緑23周　茶1周
- 波（4か所に）
  - 白1周
  - 淡青1周 ｝6回繰り返す
  - 淡青1周
  - 濃青1周
  - 淡青2周
  - 白1周
  - 茶1周
- 松葉かがり
  - 緑ラメ糸
- 帯かがり（0.6cm）
  - 白（0.3cm）
  - 濃青（0.3cm）
  - 千鳥かがり…銀糸

魚一匹

口絵カラー17ページ

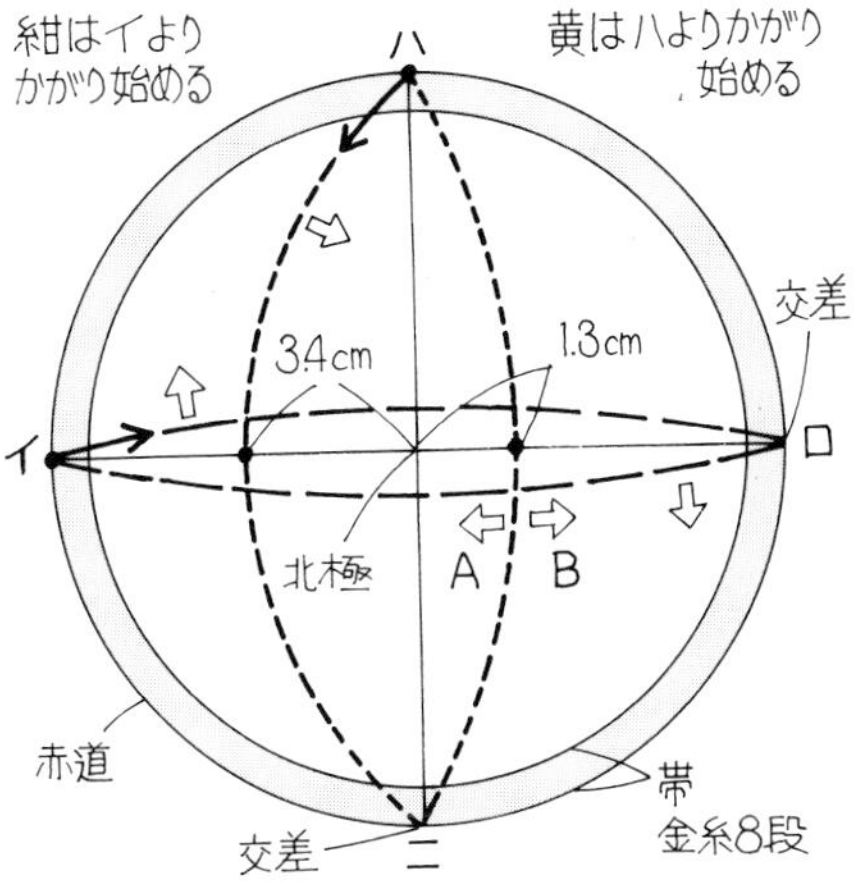
紺はイより
かがり始める
黄はハよりかがり
始める
ハ
交差
3.4cm
1.3cm
イ
ロ
北極
A
B
赤道
交差
ニ
帯
金糸8段

地割り…金糸
波
青15周
魚
黄14周
こげ茶3周
目…金糸
帯
金糸8段

土台まり／円周22cm（直径約7cm）。

地巻き糸／コスモの濃茶地巻き糸。

かがり糸／コスモ25番刺繍糸6本どり。青（216）　黄（300）　こげ茶（2311）　金糸。

地割りとかがり方の順序

1　金糸で4等分の地割りをします。

2　**イ—ロ**（横）は波になるように、図の**ハ—ニ**（縦）は魚の模様が浮きでるように巻いていきます。

イ—ロの地割り線の両側を紺で1周します。

ハ—ニの地割りから1.3cm離れた点と左に3.4cm離れた点を、黄で1周します。

3　次は紺（波）と黄（魚）を交互に繰り返しますが、1.3cmの点では中心に向かう**A**矢印と外側に向かう**B**矢印を交互に巻くようにします（**B**矢印からは尾の部分になる）。

また、尾とおなかに縞がはいるよう、こげ茶で巻きます。

4　波を15周、魚を15～16周両側に巻いたら魚に金糸で目を入れ、赤道に0.7cm8段の帯を金糸で巻きます。

（宮原浩子）

波とヨット

口絵カラー17ページ

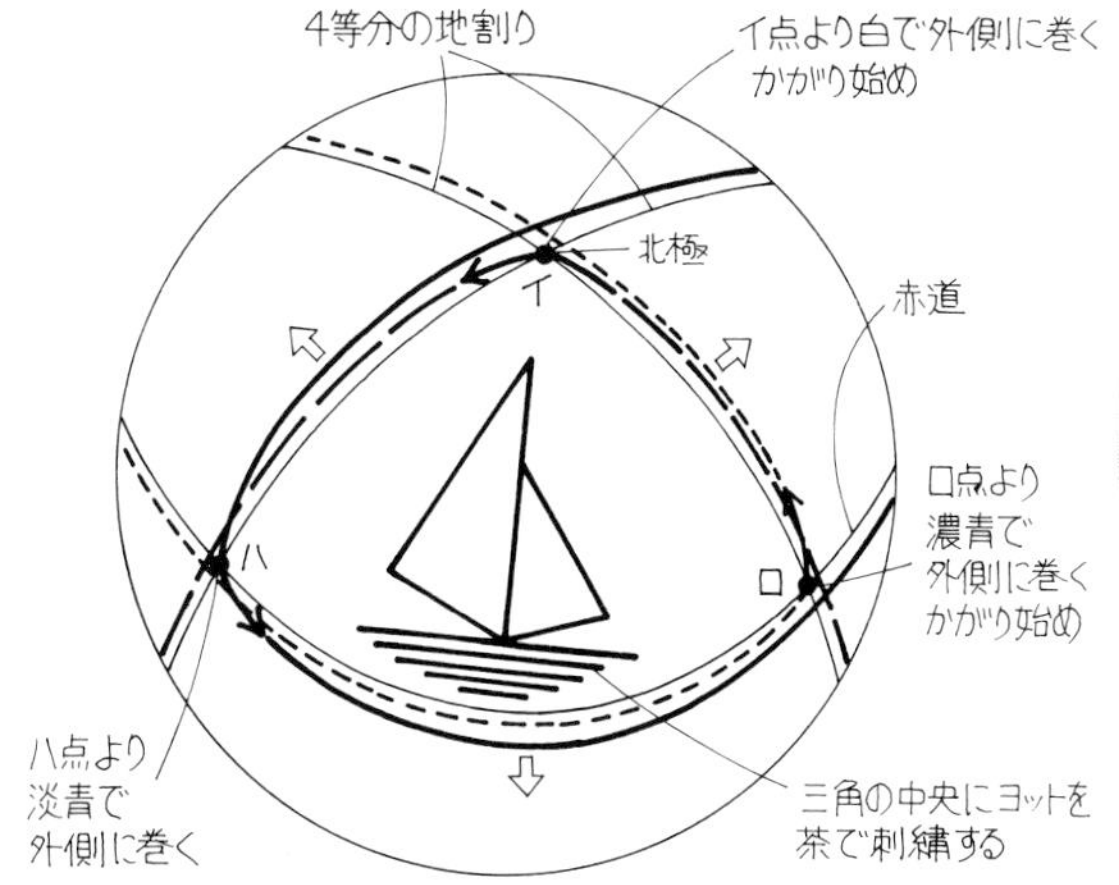
4等分の地割り
イ点より白で外側に巻く
かがり始め
北極
イ
赤道
ロ点より
濃青で
外側に巻く
かがり始め
ロ
ハ
ハ点より
淡青で
外側に巻く
三角の中央にヨットを
茶で刺繍する

土台まり／円周21cm（直径約7cm）。

地巻き糸／コスモの白い地巻き糸。

かがり糸／コスモ25番刺繍糸6本どり。青濃淡（166・164）　白（2500）　茶（309）　金糸。

地割りとかがり方の順序

1　金糸で4等分の地割りをします。

2　図の三角**イ—ロ—ハ**の内側にはいらないように、外側へ**イ**点を交差点として白で1段ずつ巻きます。

3　**ロ**点からも**イ**と同じように、濃青で外側に1段巻きます。

4　淡青で**ハ**点からも巻きます。

5　次からは**イ**、**ロ**、**ハ**の各点より、各色交互に22～24回繰り返して巻きます。

6　かがり残した三角2か所（白土台）に、茶でヨットを図のように刺繍します。

（宮原浩子）

地割り…金糸
巻きかがり
イ点を基点として白1段
ロ点を基点として濃青1段
ハ点を基点として淡青1段
交互に22～24回
ヨット
茶で刺繍

一筆描き風かがり

四角の交差

8等分の組み合わせの地割りをし、四角6か所の中に、糸を途中で切らないで、一筆描きの要領で四角の交差をかがると三菱ができます。

土台まり／円周26cm（直径約8cm）。

地巻き糸／コスモの白い地巻き糸。

かがり糸／コスモ5番刺繍糸2本どり。赤（798）グレー（153）黄緑（271）。

菱と六角の交差完成

四角の交差完成

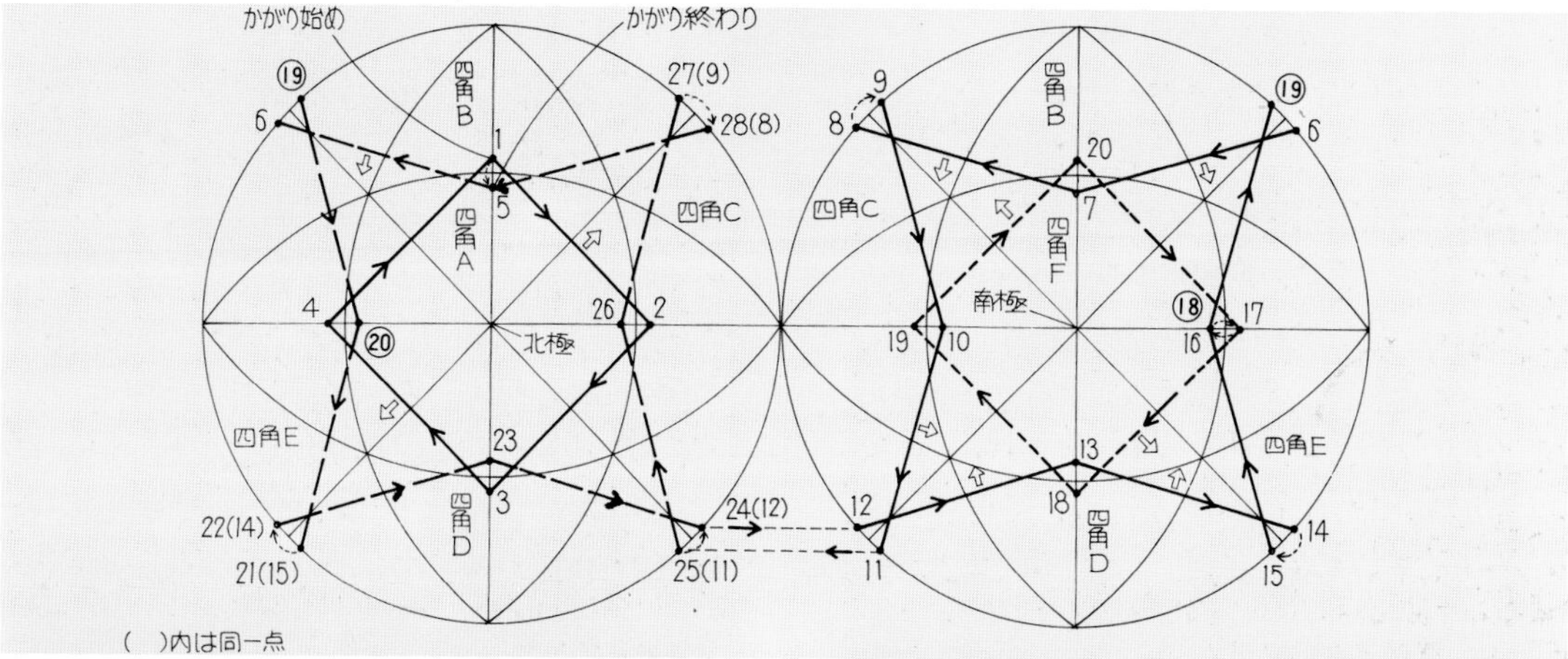

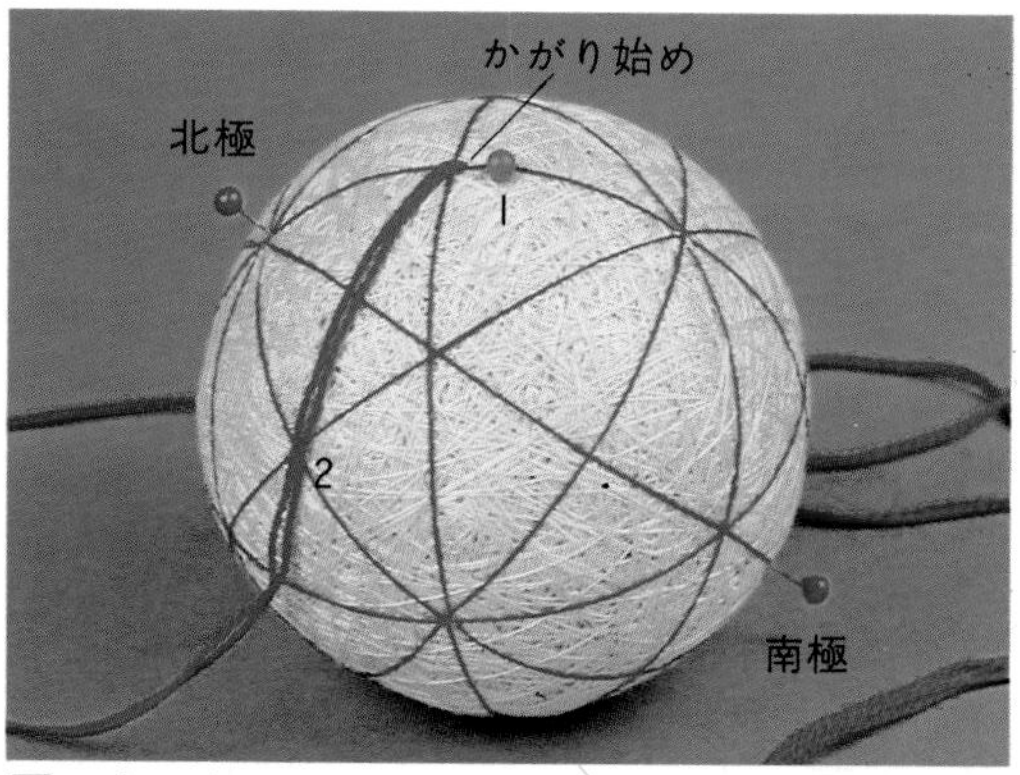

1 赤2本どりで1より針を出し、2へ糸を渡す。

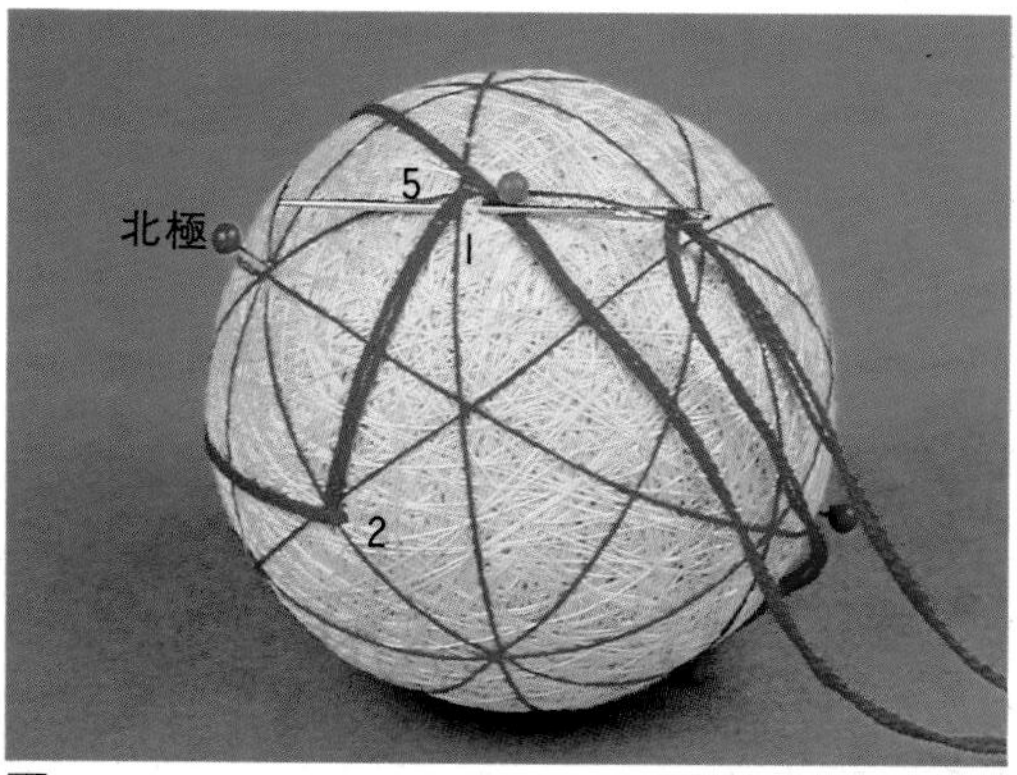

2 2－3－4－1（くぐらせる）－5とかがる。

3 5－6－7－8－9と四角Bを1辺残してかがる。

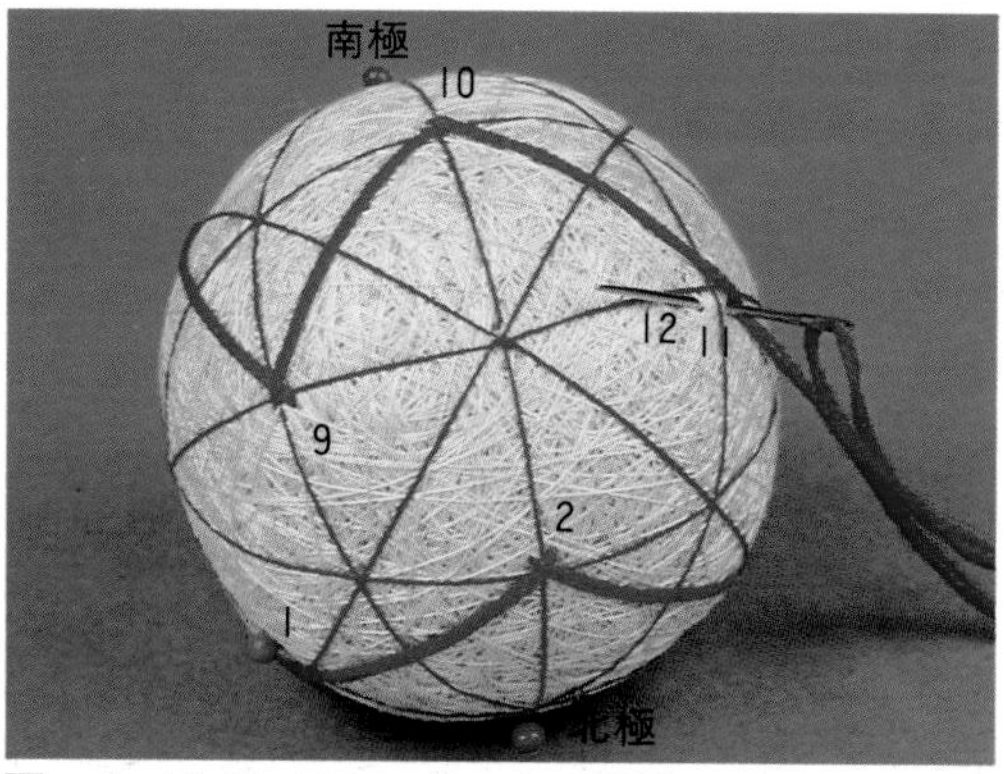

4 9－10－11－12と四角Cを2辺残してかがる。

9 最初にかがった赤にそってグレーでかがる。

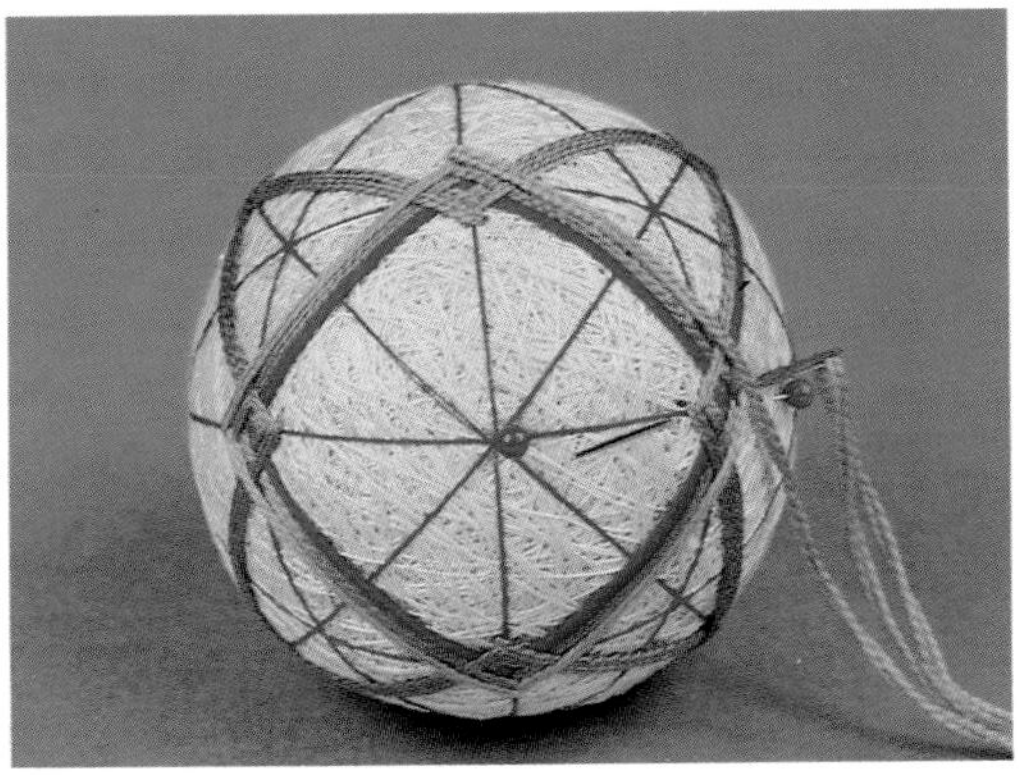

10 次は黄緑で3段めをかがる。

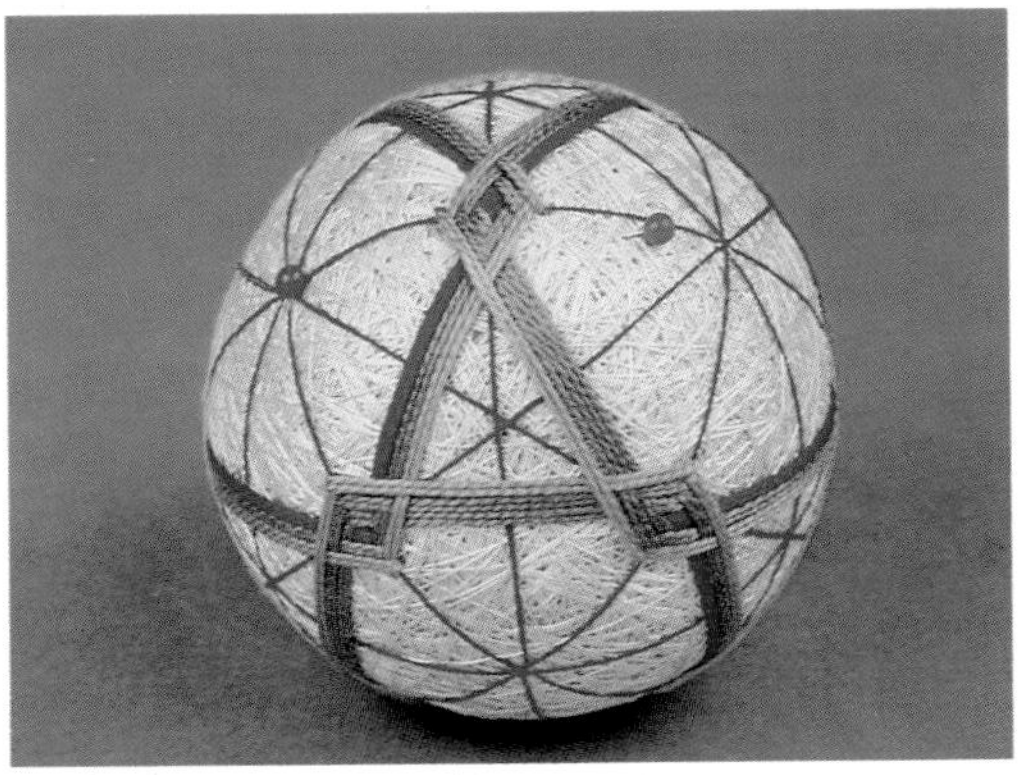

11 黄緑で1段かがり終わったところ。

12 続いて赤1段、グレー1段かがってでき上がり。

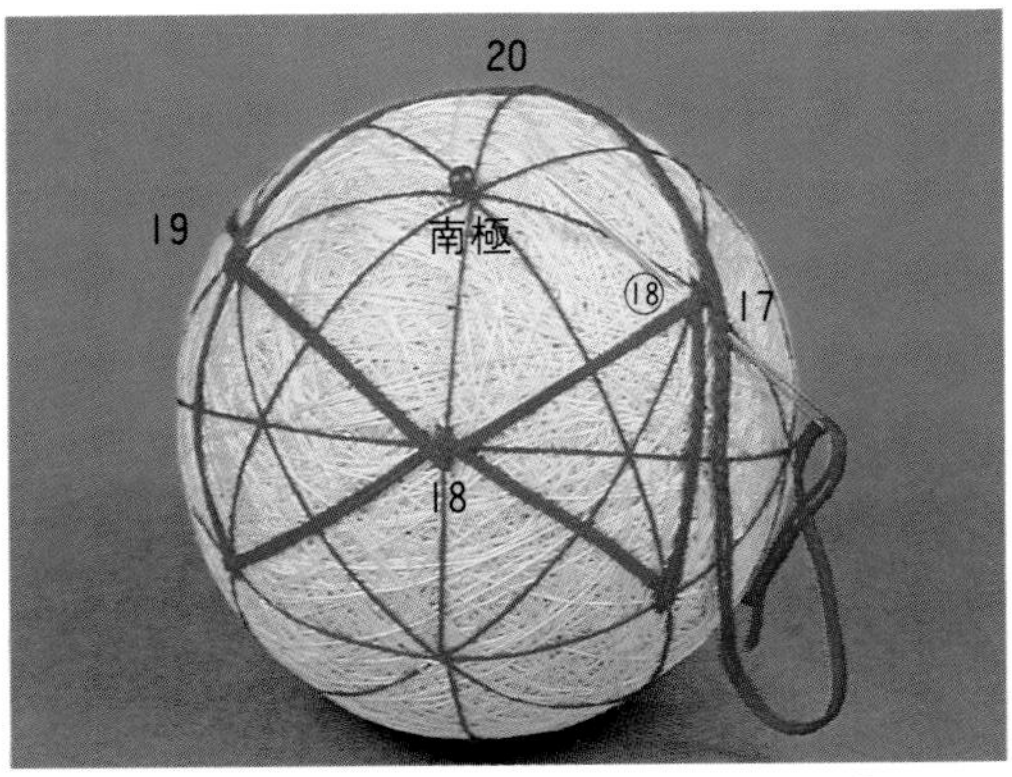

5 17-18-19-20-17と四角Fを全部かがり⑱にでる。

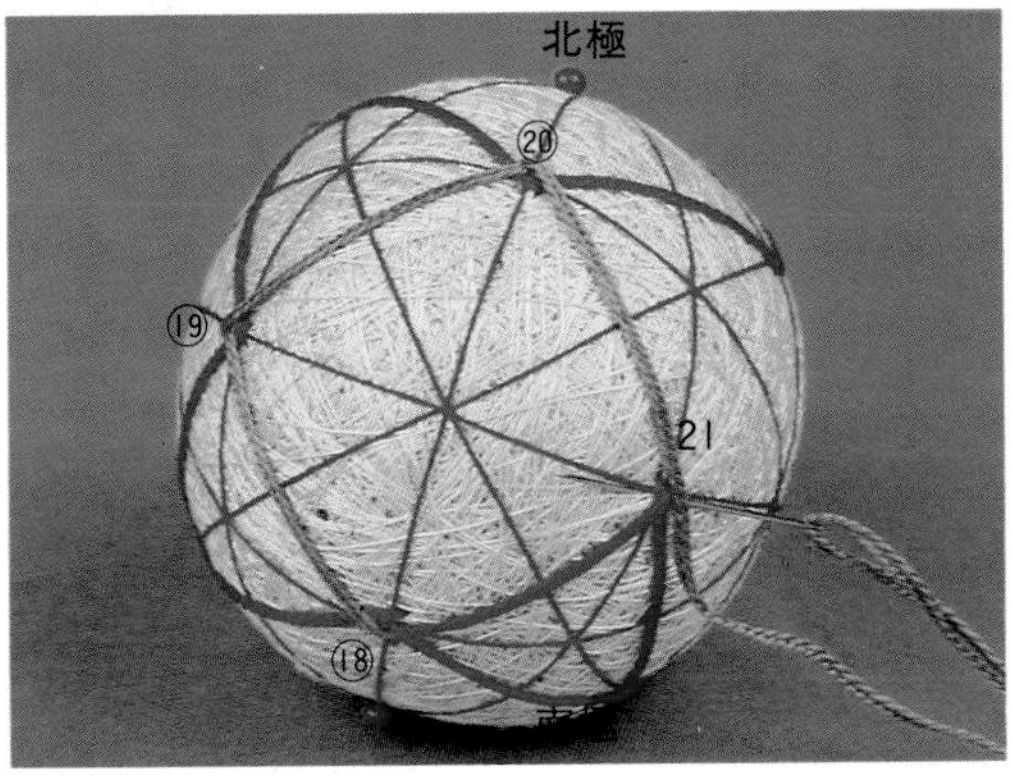

6 次はグレーで⑱-⑲-⑳-21とかがる。

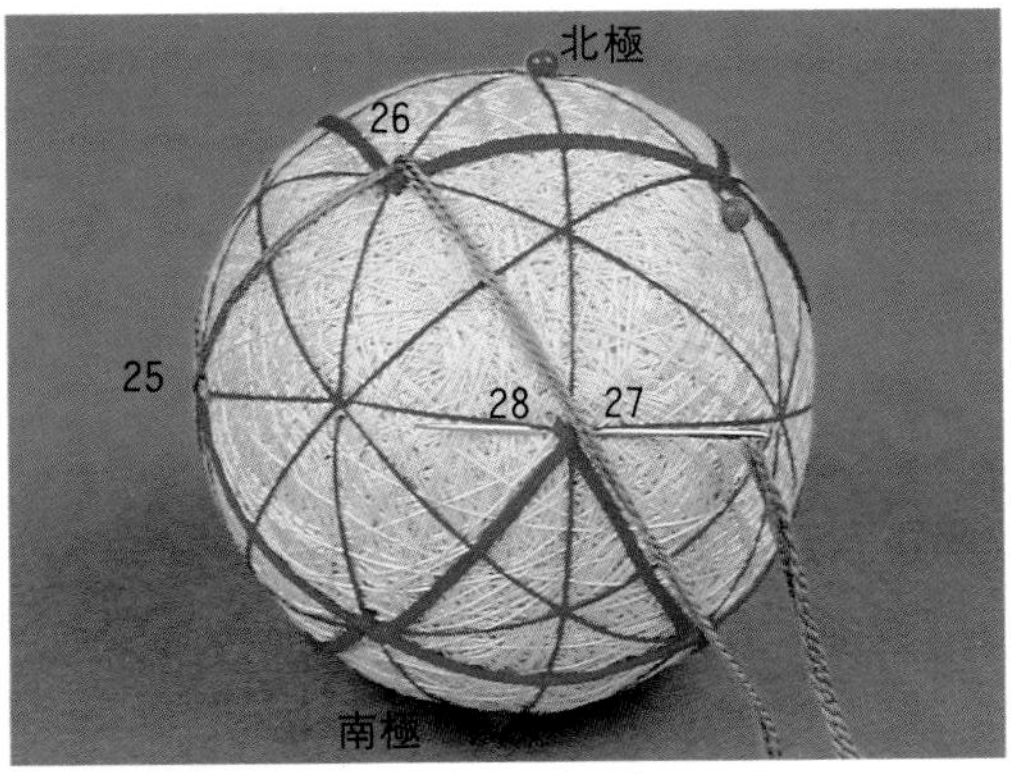

7 25-26-27-28とグレーでかがる。

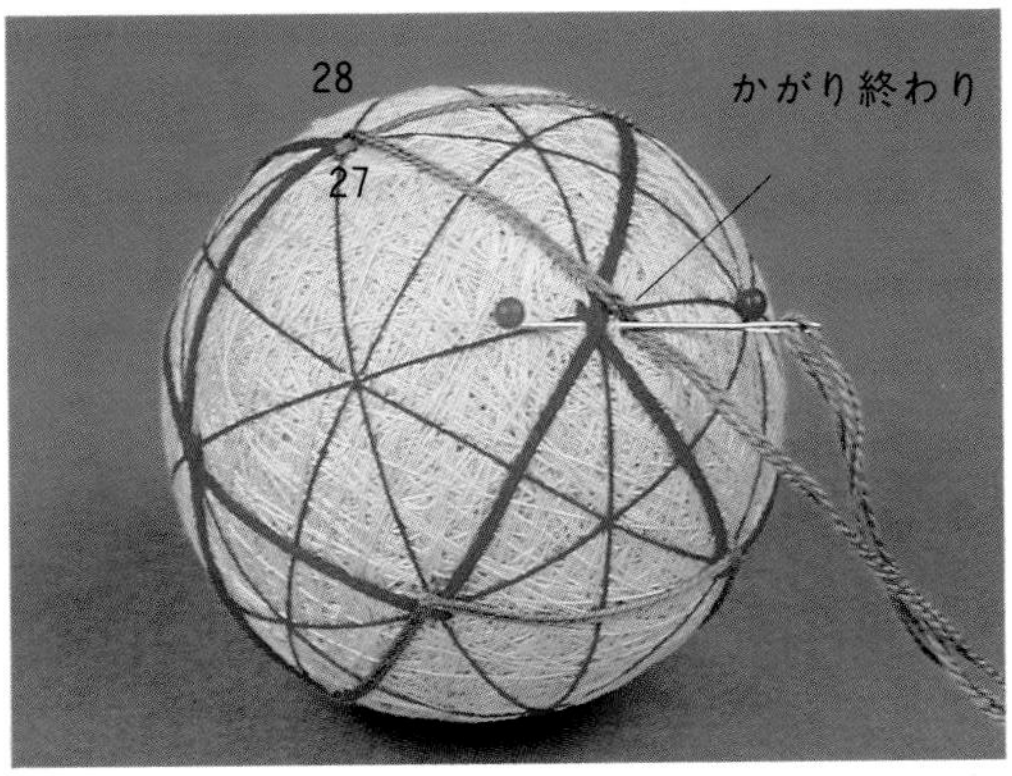

8 28よりかがり終わりにもどる。

刺繍風てまりの作り方

■レースてまり

口絵カラー25ページ

土台まり／円周27cm（直径約8.5cm）。
地巻き糸／コスモの紺の地巻き糸使用。
かがり糸／コスモ25番刺繍糸3本どり。白（2500）。

1 地割りとかがり方の順序

白3本どりで16等分の地割りをします。

2 北極を中心に白3本どりでアウトラインステッチを3段、網目《あみめ》千鳥を1段、上掛け千鳥を3段かがります。

3 図のように赤道位置で地割り1本おきに、上下山形に地割り線を増し、16等分にします。

4 上掛け千鳥の下から地割り線を増して32等分にし、白2本どりで細かい網目千鳥を2段かがります。

5 **4**の網目千鳥の0.5～0.6cm下より、白3本どりで網目千鳥を4段かがります。

6 赤道には16等分の地割りにそって、モチーフを8個かがります。
　それぞれの中心からアウトラインステッチを2段、網目千鳥を3段かがります。

7 **4**の細かい網目千鳥と、**5**の網目千鳥のへり（縁）にフレンチナッツステッチをかがります。

（三本迦代子）

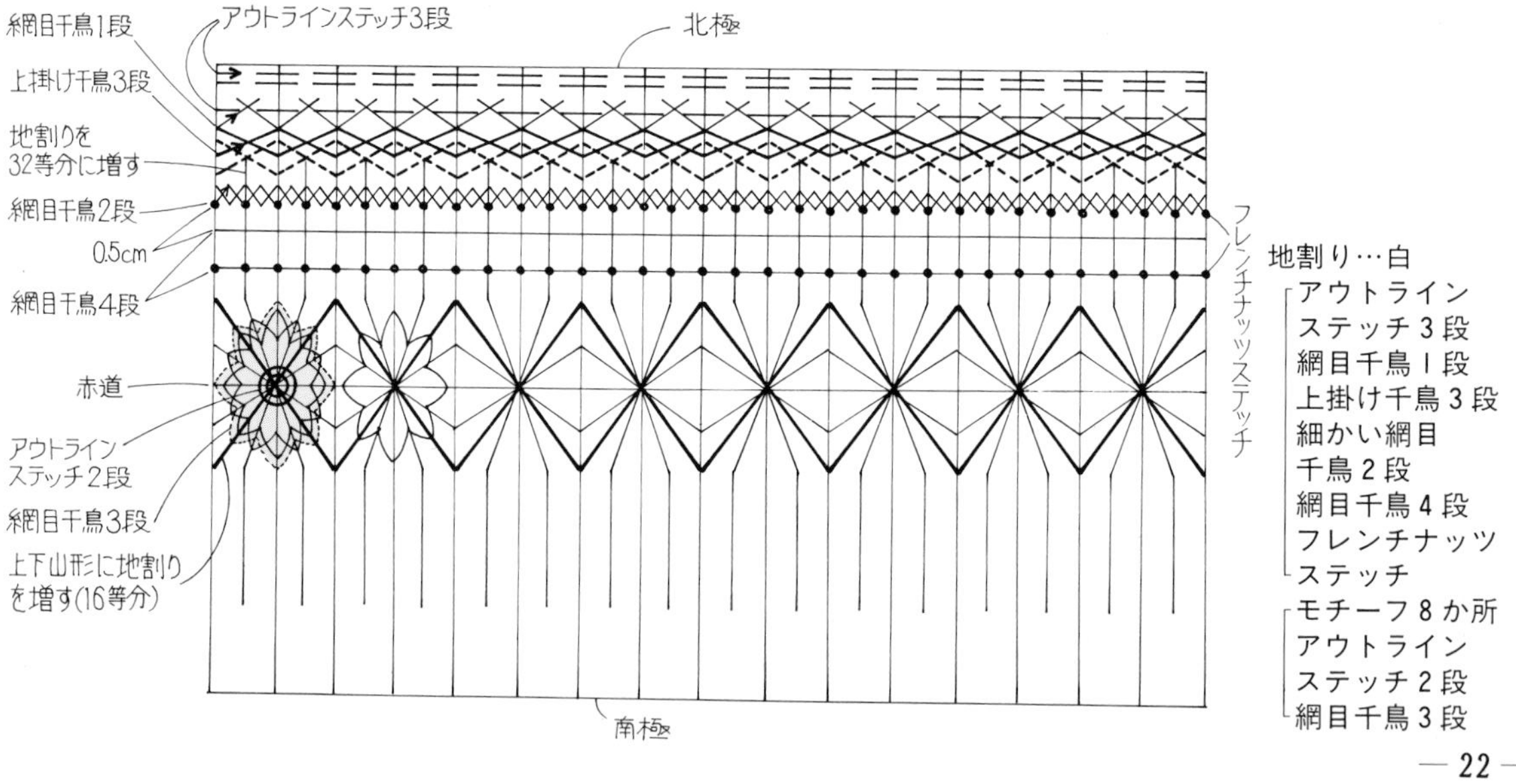
網目千鳥1段
アウトラインステッチ3段
北極
上掛け千鳥3段
地割りを32等分に増す
網目千鳥2段
0.5cm
網目千鳥4段
フレンチナッツステッチ
赤道
アウトラインステッチ2段
網目千鳥3段
上下山形に地割りを増す(16等分)
南極
地割り…白
アウトラインステッチ3段
網目千鳥1段
上掛け千鳥3段
細かい網目千鳥2段
網目千鳥4段
フレンチナッツステッチ
モチーフ8か所
アウトラインステッチ2段
網目千鳥3段

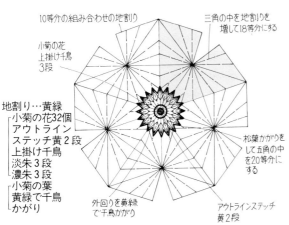

サボテン1

口絵カラー25ページ

土台まり／円周25cm（直径約8cm）。
地巻き糸／コスモの黒い地巻き糸。
かがり糸／コスモ5番刺繍糸1本どり。白（2500）黒（600）赤（798）金糸。

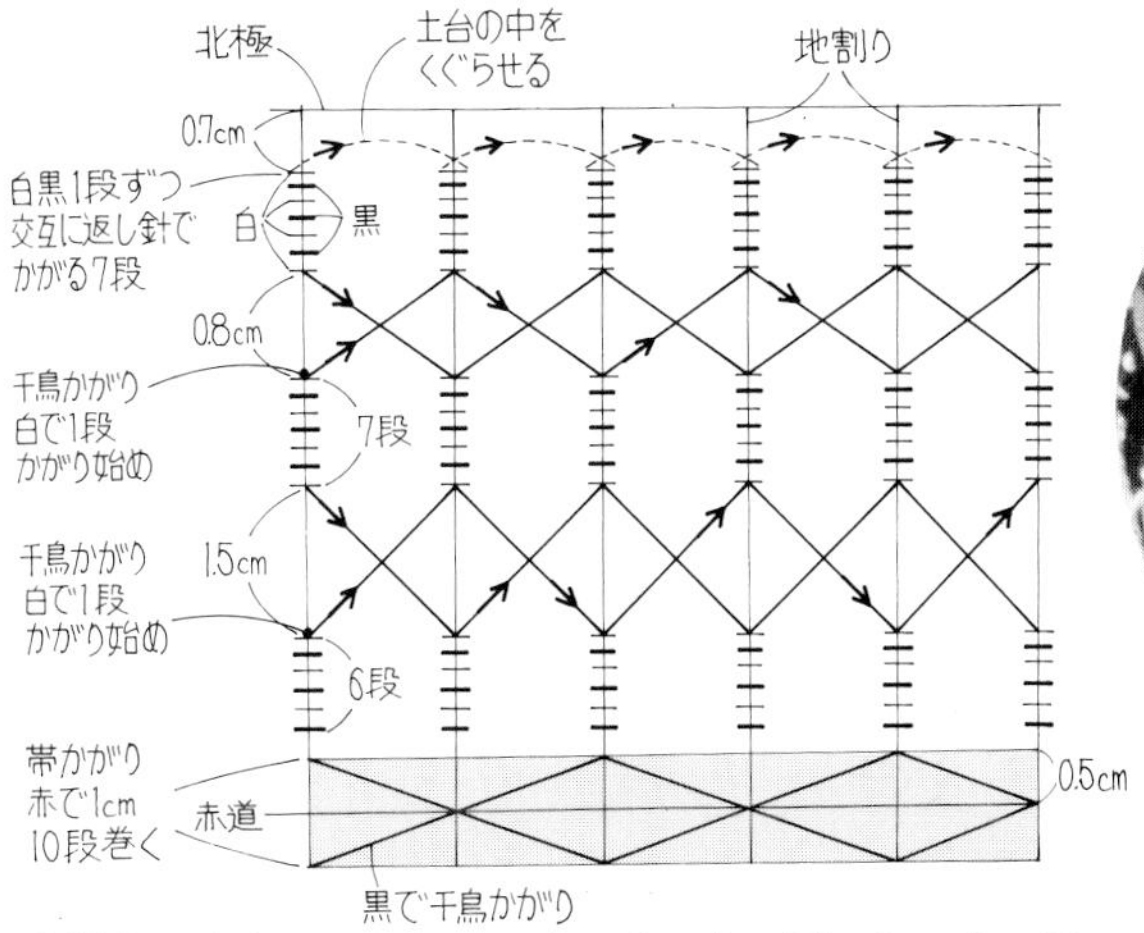
北極
土台の中をくぐらせる
地割り
0.7cm
白黒1段ずつ交互に返し針でかがる7段
白
黒
0.8cm
千鳥かがり白で1段かがり始め
7段
1.5cm
千鳥かがり白で1段かがり始め
6段
帯かがり赤で1cm10段巻く
赤道
0.5cm
黒で千鳥かがり

地割りとかがり方の順序

1 金糸で24等分の地割りをします。

2 北極より0.7cm下から白、黒交互に7段、土台の中をくぐらせながら返し針をしてかがります。

3 白で千鳥かがりを1段かがり、その下から2の要領で白、黒交互に合計7段かがります。

4 白で千鳥かがりを1段かがり、白、黒交互に合計6段、返し針でかがります。

5 南半球も同じようにかがり、赤道に赤で1cm10段の帯を巻き、その上を黒で千鳥かがりをして押えます。（片倉ヒサエ）

地割り…金糸
- 白・黒交互に返し針を合計7段
- 千鳥かがり
- 白1段
- 白・黒交互に返し針を合計7段
- 千鳥かがり
- 白1段
- 白・黒交互に返し針を合計6段
- 帯かがり
- 赤10段
- 千鳥かがり…黒

小菊

口絵カラー24ページ

土台まり／円周42cm（直径約13cm）。
地巻き糸／コスモの黒い地巻き糸。
かがり糸／コスモ25番刺繍糸3本どり。黄緑（273）黄（143）朱濃淡（344・342）。

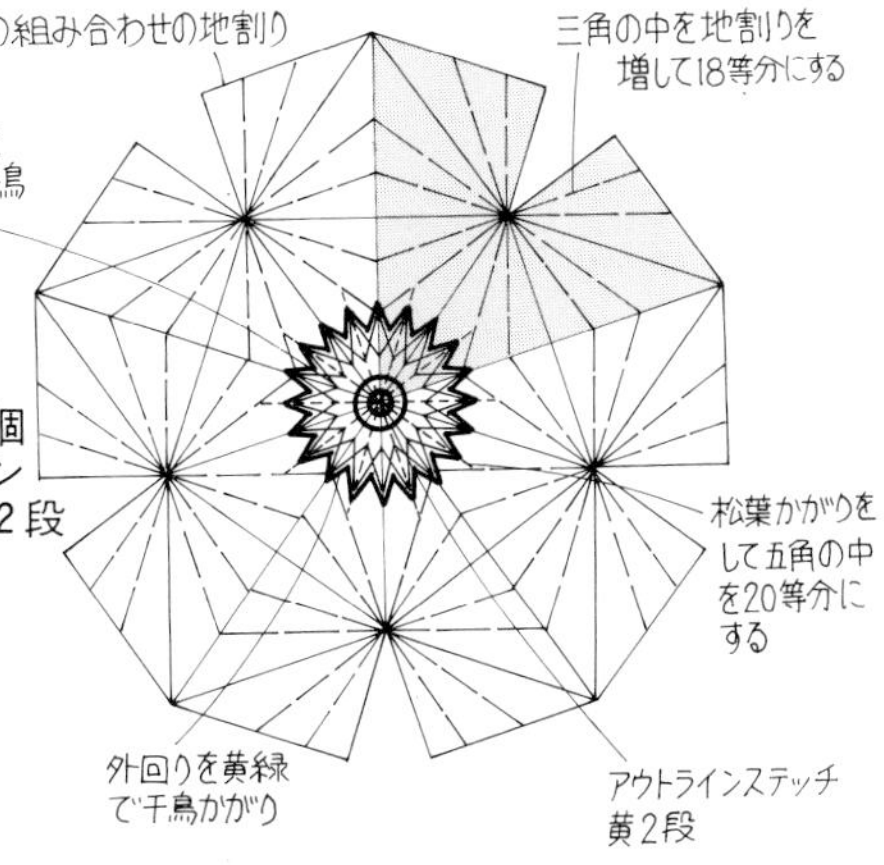
10等分の組み合わせの地割り
三角の中を地割りを増して18等分にする
小菊の花上掛け千鳥3段
松葉かがりをして五角の中を20等分にする
外回りを黄緑で千鳥かがり
アウトラインステッチ黄2段

地割り…黄緑
- 小菊の花32個
- アウトラインステッチ黄2段
- 上掛け千鳥
- 淡朱3段
- 濃朱3段
- 小菊の葉
- 黄緑で千鳥かがり

地割りとかがり方の順序

1 黄緑で10等分の組み合わせの地割りをします。

2 さらに黄緑で三角6等分（20か所）の中が18等分になるように、連続で地割り線を増します。

3 五角10等分12か所全部の中が、20等分になるように、図のように、松葉かがりで地割り線を増します。

4 五角の中心12か所と三角の中心20か所に小菊の花をかがります。

5 中心より0.2cm外側に黄でアウトラインステッチを2段かがってから、上掛け千鳥で花弁をかがります。五角の中は淡朱3段（12か所）、三角の中は濃朱3段（20か所）でそれぞれかがります。

6 かがり残した土台の部分が菊の葉の形をしているので、黄緑で花弁の外回りを千鳥かがりをして葉の形を整えます。（三本迦代子）

刺繍風てまり

竹細工のかごにレースのてまりや花のてまりをのせました。皆さんも刺繍風てまりなどを創作してかがってみては如何でしょう。

1パイナップルドイリー39ページ　**2**小花（2）70ページ　**3**レースてまり22ページ　**4**小菊23ページ　**5**小菊と葉っぱ67ページ　**6**小花（1）68ページ　**7**サボテン（1）23ページ　**8**サボテン（2）67ページ

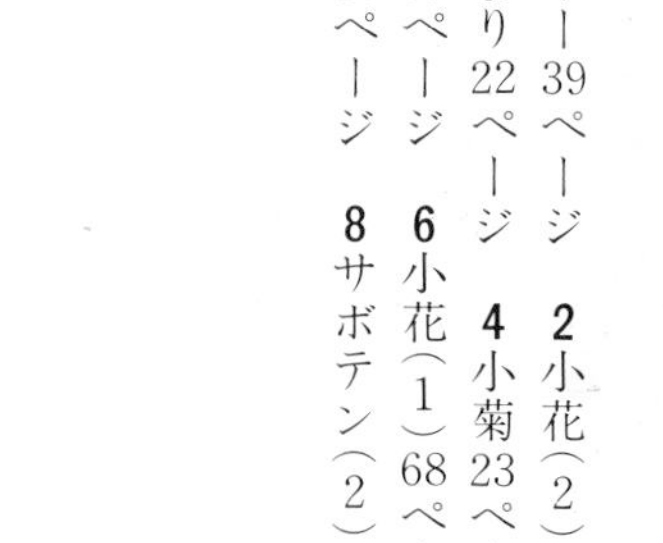

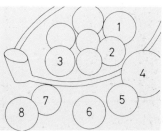

越路てまりの作り方

口絵カラー29ページ

有磯海

土台まり／円周28cm（直径約9cm）。

地巻き糸／コスモの黒い地巻き糸使用。

かがり糸／コスモ5番刺繍糸1本どり。青濃淡（166・164・212・162） 紺（169） 白（2500） 青ラメ糸。

地割りとかがり方の順序

❶ 青ラメ糸で20等分の地割りをし、地割り線上に帯幅4cmの和紙を巻いて張り、5等分します。

❷ 図のように点**イ**より針を出し**ロ—ハ—ニ**…とかがり、**イ**にもどったら点線部分をくぐらせて、今度は**い**点より**ろ—は—に**…と1周します。**イ**〜**ホ**、**い**〜**ほ**の2周を1段とし、2段めからは、**イ**〜**ホ**と**い**〜**ほ**の左側へかがっていきます。かがる順序は紺2段、青を濃い方から順に各2段、白2段のかがりを繰り返し、かがり埋めます。

❸ かがり残した両半球に、網目千鳥を青の濃い方から各1段、白1段かがります。（金子喜代）

錦

土台まり／円周27cm（直径約8.5cm）。

地巻き糸／コスモの赤い地巻き糸使用。

かがり糸／コスモ5番刺繍糸2本どり。オレンジ濃淡（757・753） 橙（145） こげ茶（2311） 茶濃淡（309・307） 金茶（704） 緑濃淡（273・271） 青緑（900） 朱ラメ糸。

地割りとかがり方の順序

❶ 朱ラメ糸で6等分の地割りをし、地割り線上

に、帯幅6cmの和紙を巻いて12等分します。

2 **イ**点より針を出し、**ロ—ハ—ニ**…とかがり、**イ**にもどり1周します。

3 **イ**点の右側、**い**点より**ろ—は—に**…とかがり、**イロハ**…とは逆方向に1周します。

4 次は**イロハ**…と**いろは**…を交互に繰り返します。**イ**点からは淡オレンジ1段、濃オレンジ2段、橙1段を2回かがり、青緑1段、緑濃淡各1段、金茶3段を繰り返しかがります。

い点からはこげ茶1段、茶濃淡各1段、橙1段を2回かがり、青緑1段、緑濃淡各1段、金茶3段を**イ**点と交互に繰り返しかがります。

5 かがり残した両半球に、オレンジ濃淡と橙と朱ラメ糸で松葉かがりをし、端を朱ラメ糸で千鳥かがりをして押えます。（水上ミツ子）

雪

土台まり／円周28cm（直径約9cm）。

地巻き糸／コスモの黒い地巻き糸使用。

かがり糸／コスモ5番刺繡糸1本どり。グレー濃淡(153・2151) 白(2500) 紺(169) 黒(600) 銀糸。

地割りとかがり方の順序

1 黒で6等分の地割りをし、地割り線上に帯幅5cmの和紙を巻いて張り、12等分します。

2 **イ**点より針を出し、**ロ—ハ—ニ**…とかがり**イ**にもどったら、**A—B—C**…と1周します。

3 **イ**点の右側、**い**点より**ろ—は—に**…と矢印方向に1周し、さらに**1—2—3**…と1周します。

4 次は、**2**と**3**を交互に繰り返しかがります。各点より白1段、淡グレー2段、グレー1段、紺2段、白1段、紺2段、白2段、銀糸1段かがります。

5 両極に六角形を白5段、銀糸と白を交互に4回かがり、白で雪の模様をかがります。（金子喜代）

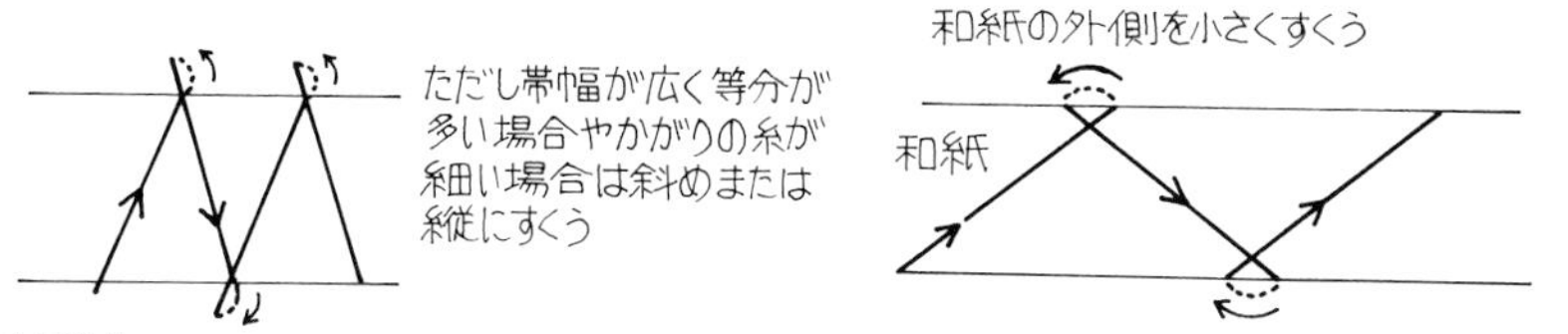
ただし帯幅が広く等分が多い場合やかがりの糸が細い場合は斜めまたは縦にすくう
和紙の外側を小さくすくう
和紙

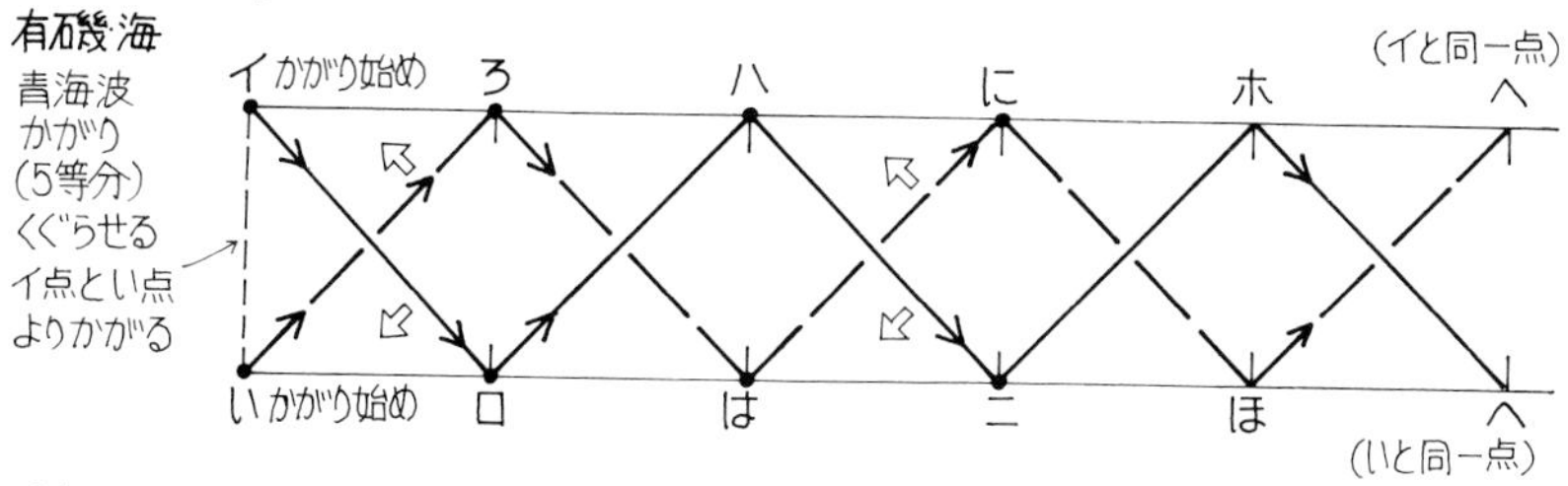
有磯海
青海波かがり
(5等分)
くぐらせる
イ点とい点よりかがる
イ かがり始め
ろ
ハ
に
ホ
ヘ
(イと同一点)
い かがり始め
ロ
は
ニ
ほ
へ
(いと同一点)

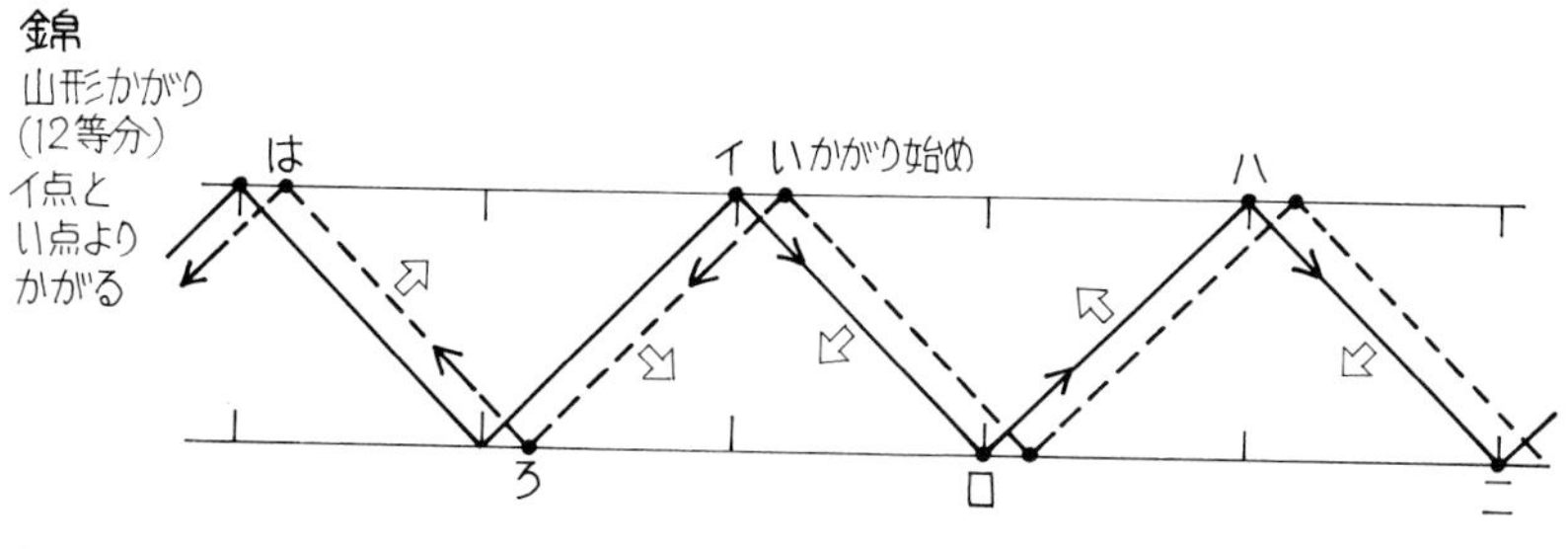
錦
山形かがり
(12等分)
イ点とい点よりかがる
は
イ
い かがり始め
ハ
ろ
ロ
ニ

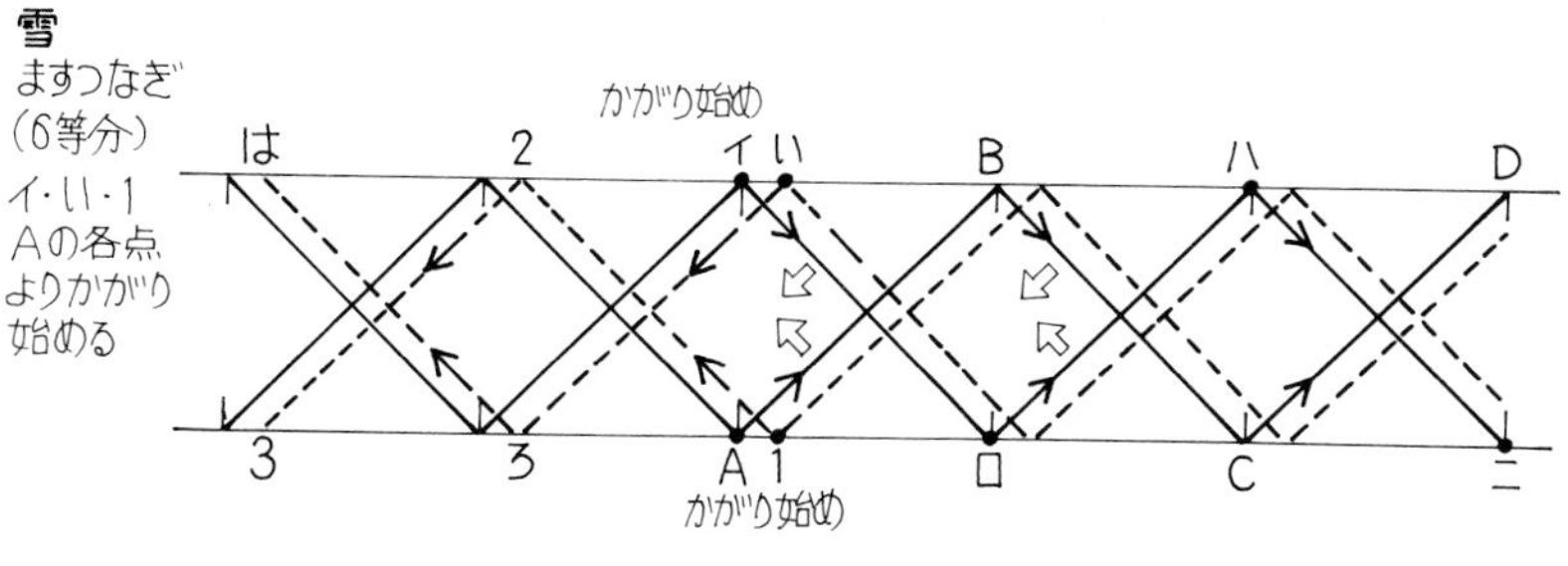
雪
ますつなぎ
(6等分)
イ・い・1 Aの各点よりかがり始める
かがり始め
は
2
イ
い
B
ハ
D
3
ろ
A
1
ロ
C
ニ
かがり始め

有磯海
地割り…青ラメ糸
紺2段
青166を2段↗
青164を2段
青212を2段
青162を2段
白2段

雪
地割り…黒
白1段
淡グレー2段
グレー1段↗
紺2段
白1段
紺2段
白2段
銀糸1段

錦
地割り…朱ラメ糸
淡オレンジ1段
濃オレンジ2段
橙1段
（以上2回）
青緑1段
濃緑1段
淡緑1段
金茶3段
こげ茶1段
濃茶1段
淡茶1段
橙1段
（以上2回）
青緑1段
濃緑1段
淡緑1段
金茶3段

カラフルなまり

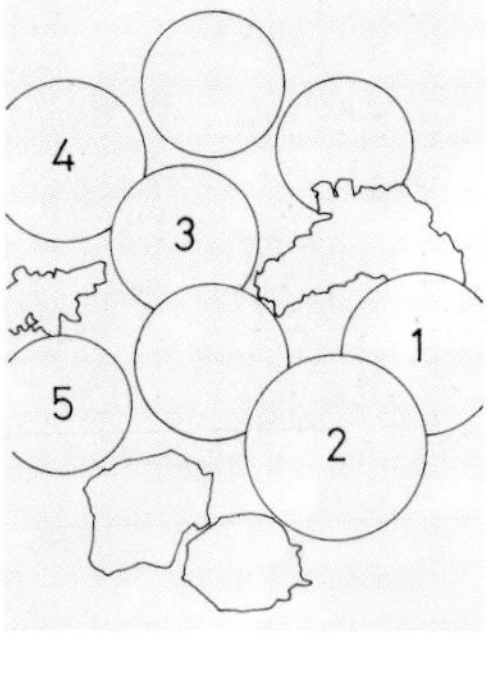

1 ステンドグラスの星66ページ　**2** ステンドグラスのバラ66ページ　**3** 十字星48ページ　**4** 花がるた60ページ　**5** 星（五角の交差）58ページ

越路てまり

上錦26ページ　**左下**雪27ページ　**右下**有磯海26ページ

かご目てまり

右上18本巻きかご目30ページ　**右下**30本巻きかご目31ページ　**左上**12本巻きかご目30ページ　**左下**24本巻きかご目31ページ

かご目てまりの作り方

口絵カラー29ページ

18本巻きかご目

土台まり／円周24㎝（直径約7.5㎝）。
地巻き糸／コスモの赤い地巻き糸使用。
かがり糸／コスモ5番刺繡糸1本どり。紺（169）青濃淡（164・162）細い金糸。

地割りとかがり方の順序

❶ 金糸で10等分の組み合わせの地割りをします。

❷ Ⅰ図の**イ**点より針を出し、矢印方向にまりを巻きます。

紺2本を中心にして両側に濃青、淡青を1本ずつ巻きます。他の17本も同色にしますが、かがり糸はすべて、菱形の中心を通ります。

❸ **イ**の両側**ロハ**点より**イ**の線と平行に巻きます。

❹ 次は、Ⅱ図の**A**点より針を出し、**B**、**C**と**A**の両側に平行に巻きます。

ABCの3本共、Ⅰ図で巻いた**イロハ**の巻き始めの上を通るので、**イロハ**の継ぎ目は隠れ、裏側では、前の3本の下を全部くぐらせます。

❺ Ⅲ図の**1**点より針を出し、**2**、**3**と巻きます。

イロハの3本の下をくぐらせ、**ABC**の上を通ります。**ABC**の継ぎ目は隠れます（裏側は反対）。

残りの3か所も同じように3本ずつ巻いて（全部で18本）、かご目を作ります。

12本巻きかご目

土台まりと地巻き糸は18本巻きかご目と同じ。
かがり糸／コスモ5番刺繡糸1本どり。グレー濃

II図

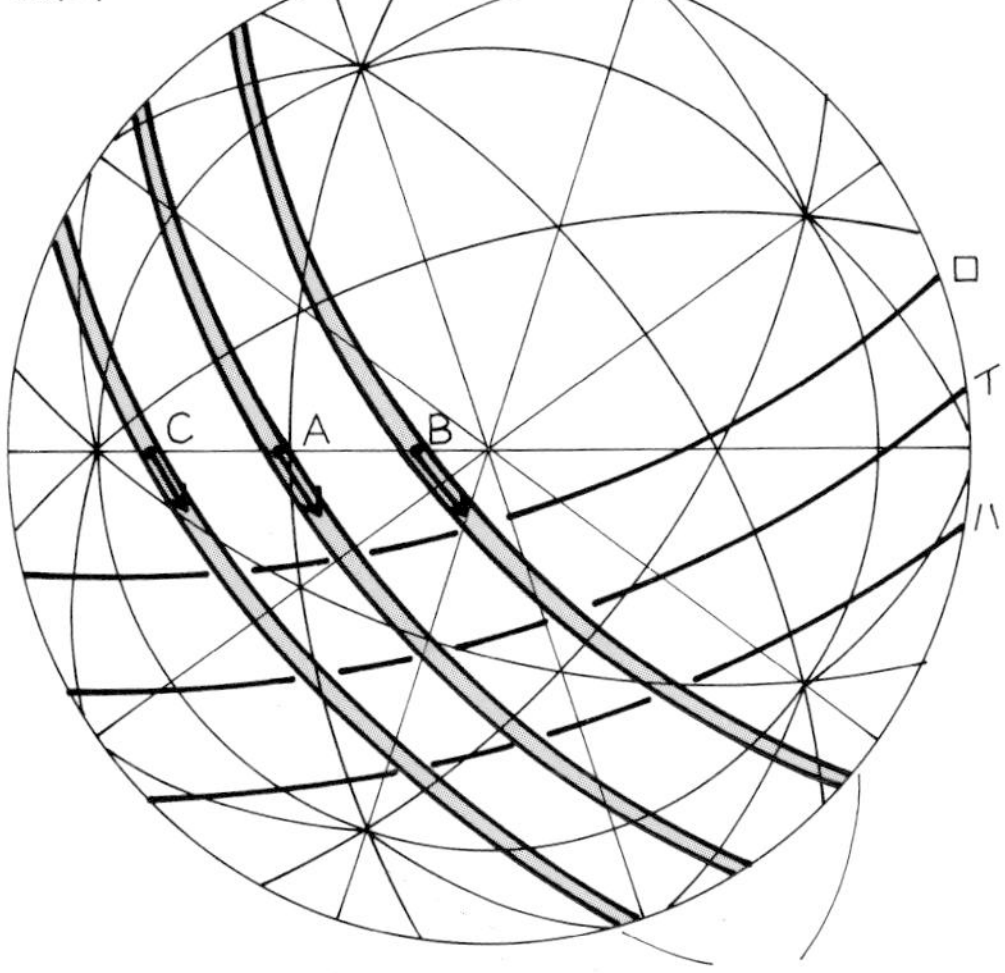

裏側ではイロハの下をくぐらせる

I図

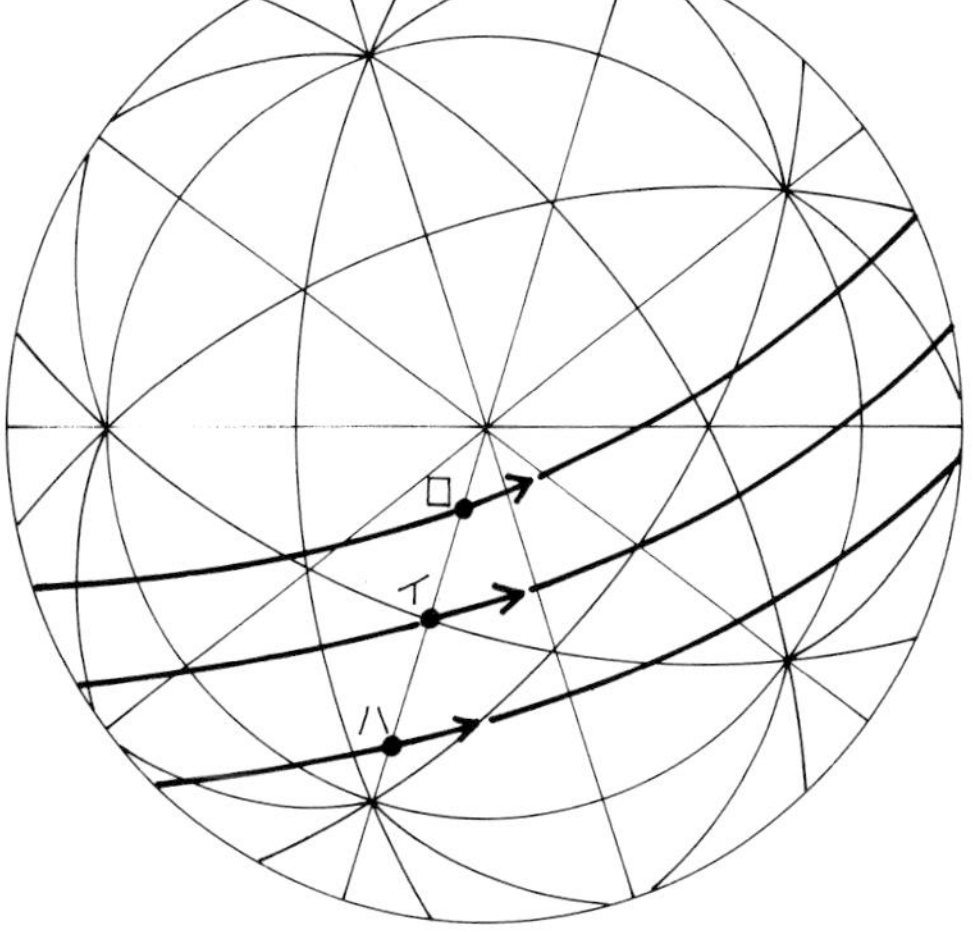

イ・ロ・ハの各点より巻き始める

III図

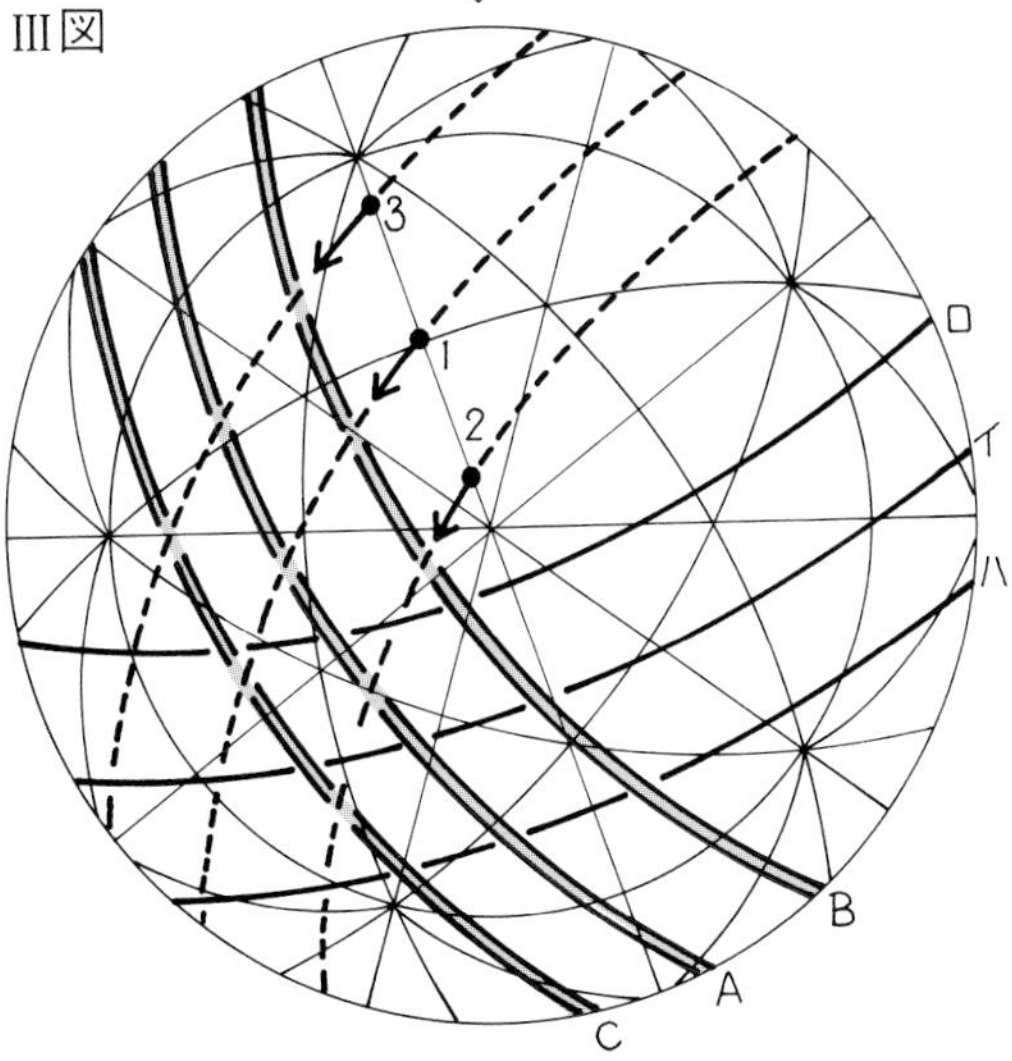

12本巻き
地割り…金糸
濃グレー2本
の両側に
白2本
淡グレー1本

18本巻き
地割り…金糸
紺2本の両側に
濃青1本
淡青1本

30本巻き
地割り…金糸
黒1本の両側に
白1本

24本巻き
地割り…金糸
緑1本の両側に
黄緑1本
黄1本

淡(153・2151) 白(2500) 金糸。

地割りとかがり方の順序

❶ 金糸で10等分の組み合わせの地割りをします。

❷ 18本巻きと同じ要領ですが、始めに巻くときは2本巻いて、2本ずつ6か所巻くと12本巻きになります（濃グレー2本の両側に白2本、淡グレー1本巻く）。

24本巻きかご目

土台まりと地巻き糸は18本巻きかご目と同じ。

かがり糸／コスモ5番刺繍糸1本どり。緑(273) 黄緑(271) 黄(143) 金糸。

地割りとかがり方の順序

❶ 金糸で10等分の組み合わせの地割りをします。

❷ 始めに4本巻いて、4本ずつ6か所巻くと24本巻きになります（緑1本の両側に黄緑1本、黄1本巻く）。

30本巻きかご目

土台まりと地巻き糸は18本巻きかご目と同じ。

かがり糸／コスモ5番刺繍糸1本どり。黒(600) 金糸。

地割りとかがり方の順序

❶ 金糸で10等分の組み合わせの地割りをします。

❷ 始めに5本巻いて、5本ずつ6か所巻くと30本巻きになります（黒1本の両側に白1本巻く）。

（高原暉子）

ぶどう（壁掛け）

作り方　円周5.5～7.5cmぐらいの白土台まりに銀糸を巻いたあと、25番刺繡糸の紫3本どりで8等分の組み合わせの地割りをし、Yの字かがりで麻の葉をかがってから、ワイヤーで一房のぶどうに形よくまとめます。

家紋のてまり

黒地に白で家紋を表現しました。

右上亀甲に三菱　**左上**陰組み菱　**右下**組み合わせ枡に四つ目　**左下**八つ組み角33ページ

家紋4点

8等分の地割り
8等分の組み合わせ

円周21cmの土台まりに黒の地巻き糸を巻いて、木綿の黒糸で地割りをし、コスモ25番刺繍糸の白(2500)と黒(600)と金糸でかがりました。

八つ組角

地割りとかがり方の順序

1 木綿の黒糸で8等分の地割りをします。

2 北極から赤道までの½点を結んで、黒で八角形の補助線を入れ、**イ**～**ニ**の菱形を白3本どりで5段、金糸1段で8個かがりますが、隣り合う菱形と図のようにねじらせます。

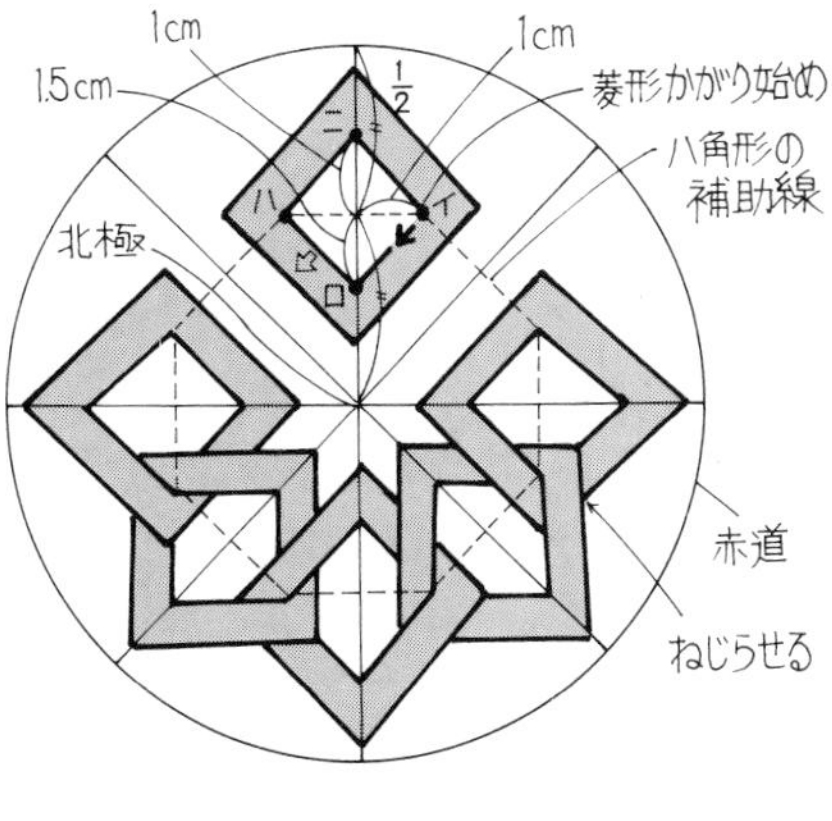

地割り…黒
菱形イ～ニ
白5段
金糸1段

陰組み菱

地割りとかがり方の順序

1 木綿の黒糸で8等分の組み合わせの地割りをします。

2 四角8等分の中に**イ**～**ニ**と**い**～**に**の菱形を白3本どりで5段、金糸1段で図のようにねじらせてかがり、残りの5か所も同様にかがります。

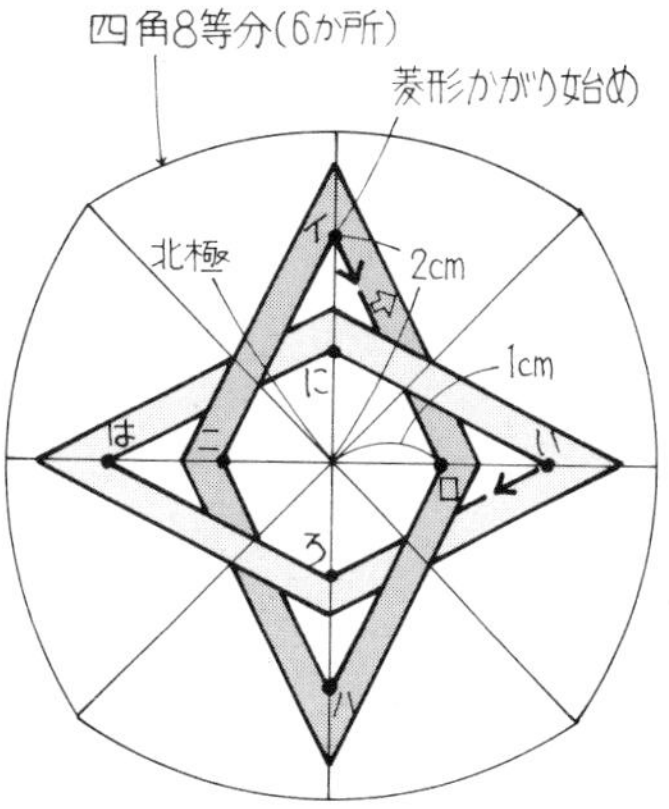

地割り…黒
菱形イ～ニ
菱形い～に
白5段
金糸1段

亀甲に三菱

地割りとかがり方の順序

1 木綿の黒糸で8等分の組み合わせの地割りをします。

2 三角6等分（8か所）の中心より、正六角形を白3本どりで10段、黒3本どりで1段、白2段、黒1段、白7段、金糸1段でかがり、図のように黒でYの字かがりをします。

組み合わせ枡に四つ目

地割りとかがり方の順序

1 木綿の黒糸で8等分の組み合わせの地割りをします。

2 四角8等分（6か所）の中に黒で補助線（点線部分）を入れ、小さい四角**イ**～**ニ**を白3本どりで3段、金糸1段でかがり、その外側に大きい四角を白5段、金糸1段でねじらせてかがります。

（村田富美江）

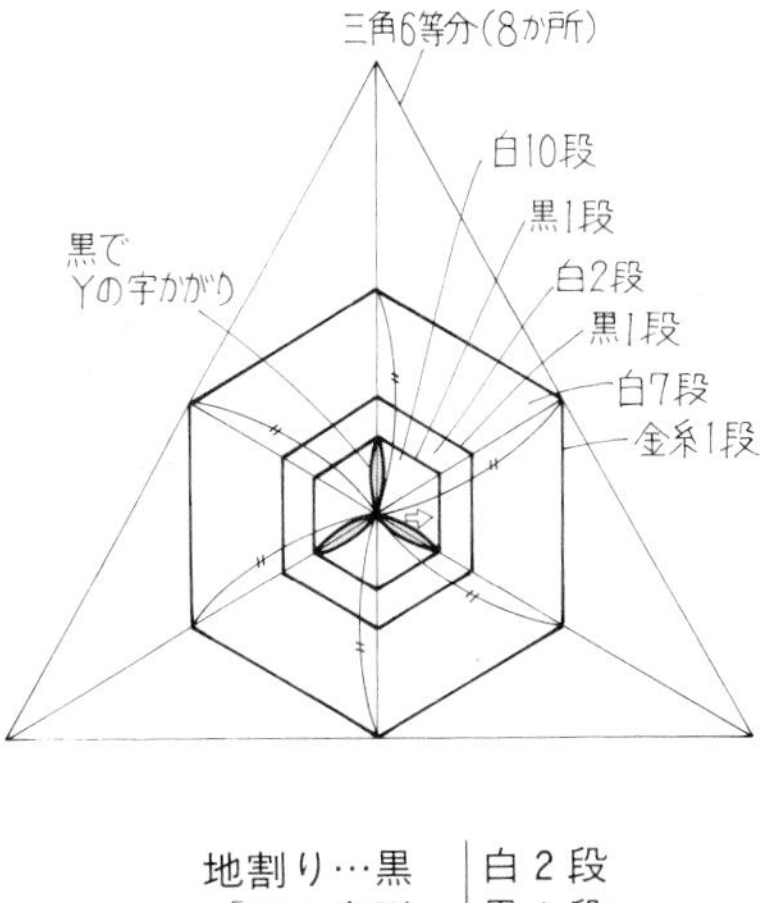

地割り…黒
正六角形
白10段
黒1段↗
白2段
黒1段
白7段
金糸1段

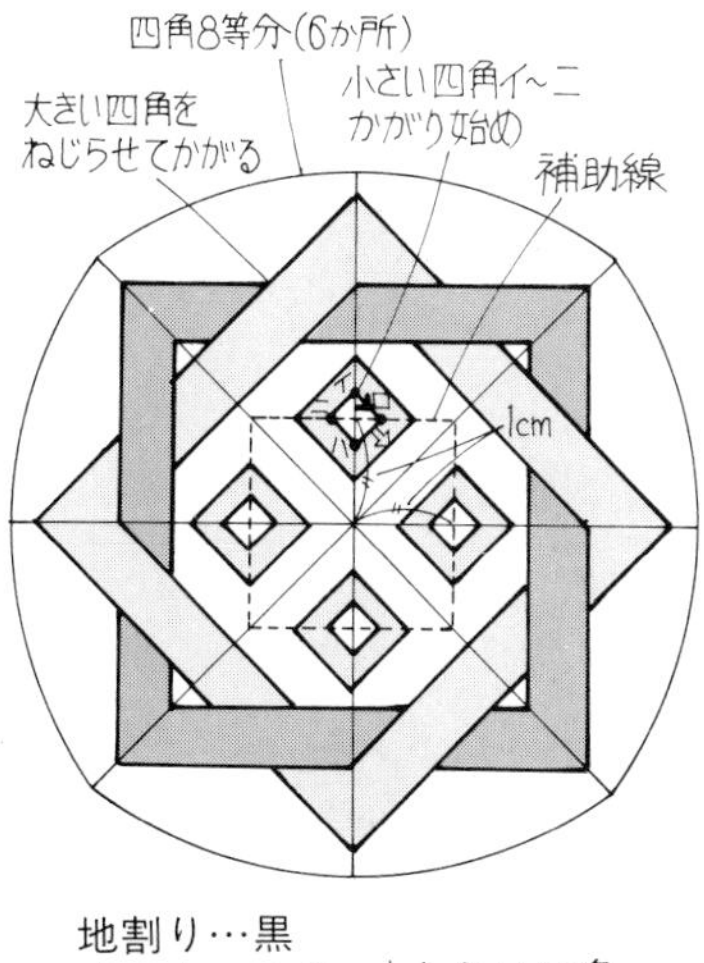

地割り…黒
小さい四角
白3段
金糸1段↗
大きい四角
白5段
金糸1段

■20等分の地割り

金襴たばね熨斗《のし》

口絵カラー1ページ

土台まり／円周33cm（直径約10.5cm）。
地巻き糸／コスモの赤い地巻き糸使用。
かがり糸／コスモ5番刺繡糸1本どり。白（2500）黒（600）赤（798）緑（276）紫（286）金糸。

地割りとかがり方の順序

❶ 金糸で20等分の地割りをします。

❷ 北極・南極から赤道までの½点に、地割り線1本おきに待針を打ちます。

❸ **イ**点より針を出し、**ロ**－**ハ**－**ニ**…と白で千鳥かがりを1周し、続いて前段にそって金糸で1周し、白と金糸を交互に4段ずつかがります。
い点からも**ろ**－**は**－**に**…と白と金糸を交互に4段ずつかがります。

❹ **A**点より針を出し❸と同じように黒と金糸で交互に4段ずつ千鳥かがりをします（**a**点も同様）。

❺ ❸の最終段の金糸にそって、赤と金糸を交互に4段ずつ同じように千鳥かがりをします。

❻ ❹の金糸にそって、緑と金糸を交互に4段ずつかがりますが、このとき、白と金糸の下を糸をくぐらせてかがります。

❼ ❺の金糸にそって、紫と金糸を交互に4段かがりますが、黒と金糸の下をくぐらせます。

❽ 赤道を中心に紫で1cm12段の帯を巻いたあと、金糸で1段巻いて千鳥かがりで押えます。

（若林虎雄）

地割り…金糸

千鳥かがり	
白1段・金糸1段	交互に4回
黒1段・金糸1段	交互に4回
赤1段・金糸1段	交互に4回
緑1段・金糸1段	交互に4回
紫1段・金糸1段	交互に4回
帯かがり	
紫12段	

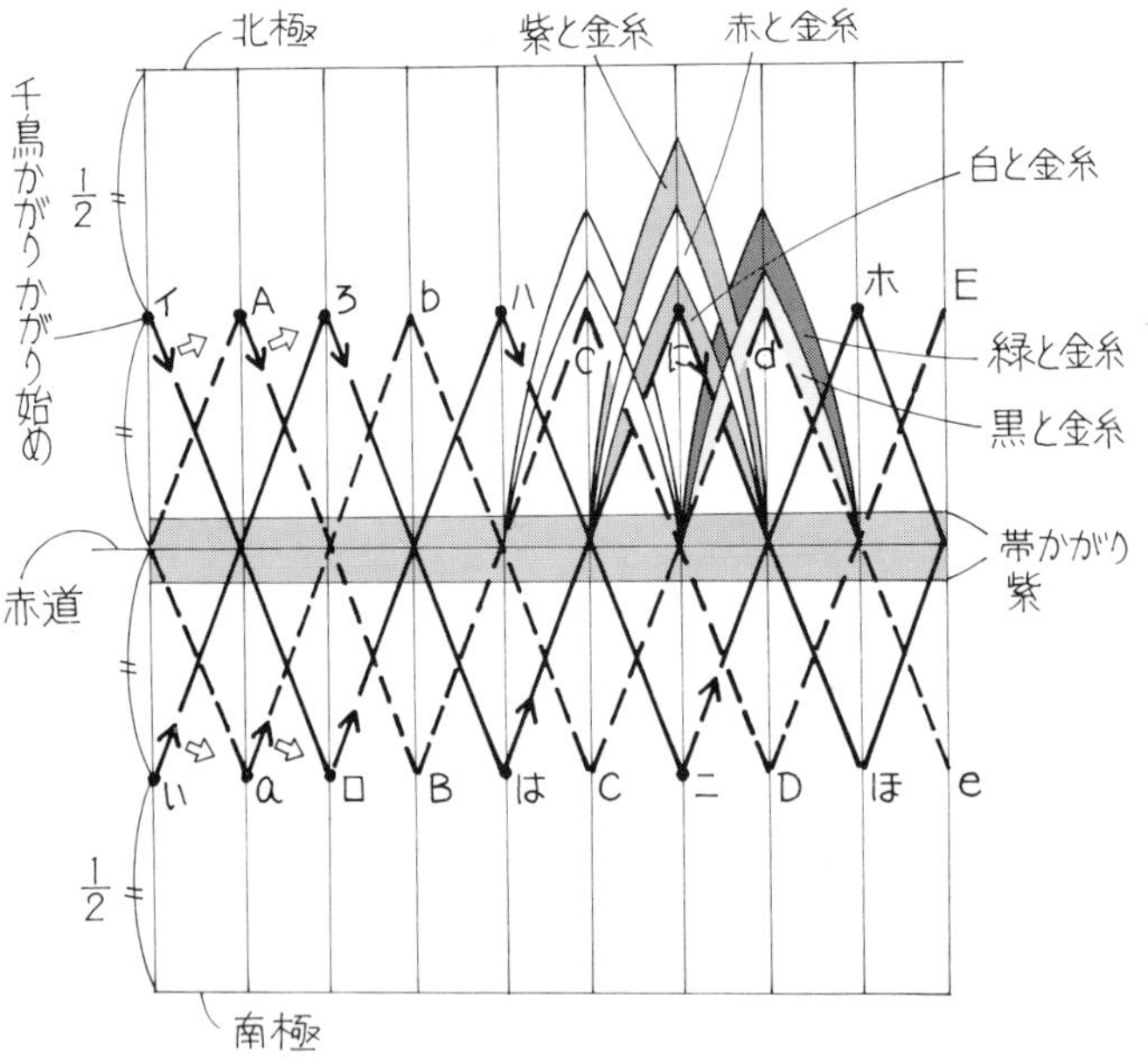

北極
紫と金糸
赤と金糸
白と金糸
千鳥かがりかがり始め
½
イ
A
ろ
b
ハ
c
d
ホ
E
緑と金糸
黒と金糸
帯かがり紫
赤道
い
a
ロ
B
は
C
ニ
D
ほ
e
½
南極

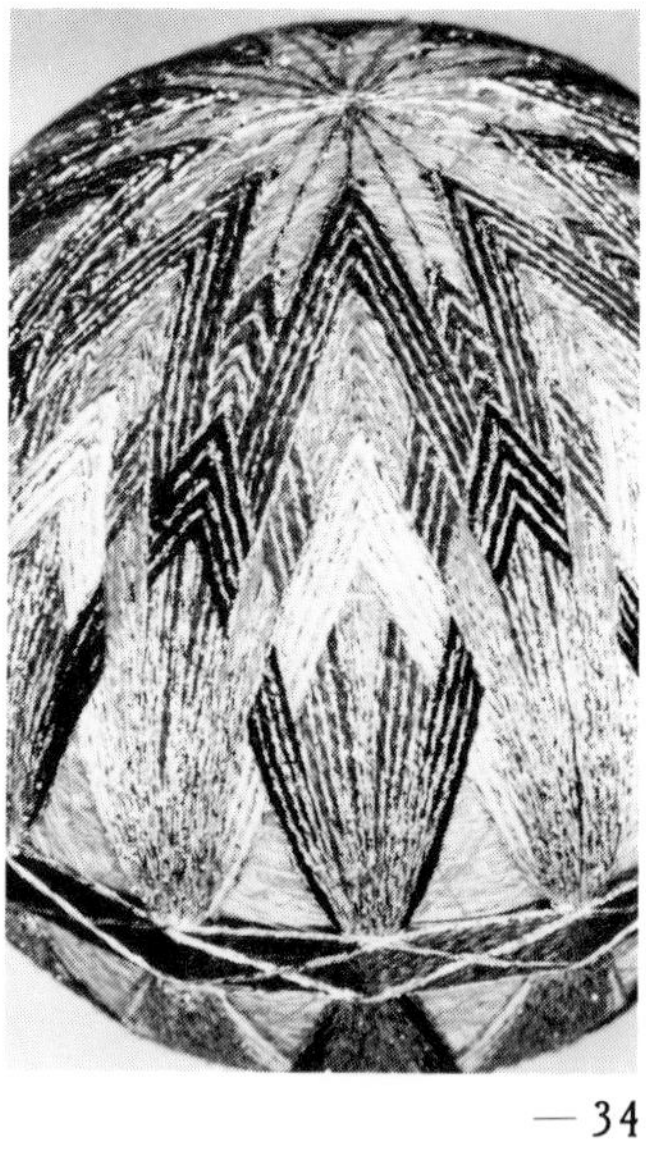

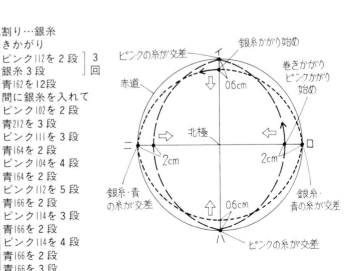

■4等分の地割り

緋《ひ》扇《おうぎ》貝

口絵カラー17ページ

土台まり／円周35cm（直径約11cm）。

地巻き糸／コスモの白い地巻き糸使用。

かがり糸／コスモ25番刺繡糸6本どり。ピンク濃淡（114・112・104・111・102）青濃淡（166・164・212・162）銀糸。

地割りとかがり方の順序

1 銀糸で4等分の地割りをします。

2 ピンクの貝(縦)と青の海(横)を交互に、外側から内側に向かって巻いていきます。

まず、ピンク112で赤道より2cm離れた点から地割りの両端に2段巻きます（糸は**イ・ハ**点で交差する）。

3 銀糸1本どりで赤道より0.6cm離れた点から、両端に3段巻きます（**ロ・ニ**点で交差する）。

4 **2**と**3**を合計3回繰り返すとじん帯の部分ができます。

5 次は、青162を銀糸にそって3.5cm幅（6本どりで12段）に上下共に、極側(中心)に向かって巻きます。

6 ピンク112にそって銀糸1段、ピンク102を2段巻きます。

7 **5**の青162にそって銀糸1段、青212を3段巻きます。

8 ピンクと青の各段の境に銀糸1段入れながら、淡い方から交互に両極に向かって巻いていきます。

次は、ピンク111を3段、青164を2段、ピンク104を4段、青164を2段、ピンク112を5段、青166を2段、ピンク114を3段、青166を2段、ピンク114を4段、青166を2段の順に銀糸1段入れながらかがり、最後に青の中心を166で両極を通って3段巻きます。

9 赤道に青4色で巻きますが**イ・ハ**点では糸を交差させて、**ニ・ロ**点では0.5cm間をあけます。

（宮原浩子）

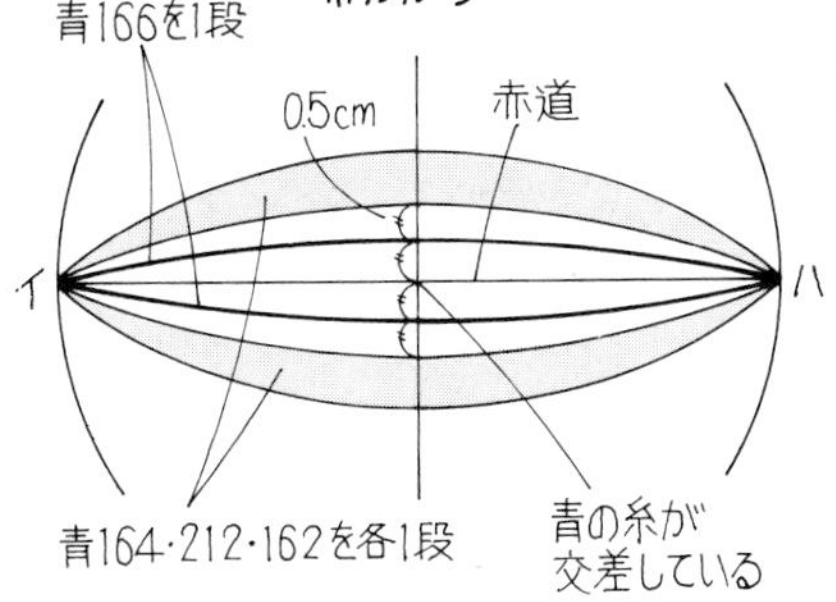
帯かがり
青166を1段
0.5cm
赤道
イ
ハ
青164・212・162を各1段
青の糸が交差している

帯
赤道の両側に
青166を1段
青164を1段
青212を1段
青162を1段

地割り…銀糸
巻きかがり
[ピンク112を2段
銀糸3段] 3回
青162を12段
間に銀糸を入れて
ピンク102を2段
青212を3段
ピンク111を3段
青164を2段
ピンク104を4段
青164を2段
ピンク112を5段
青166を2段
ピンク114を3段
青166を2段
ピンク114を4段
青166を2段
青166を3段

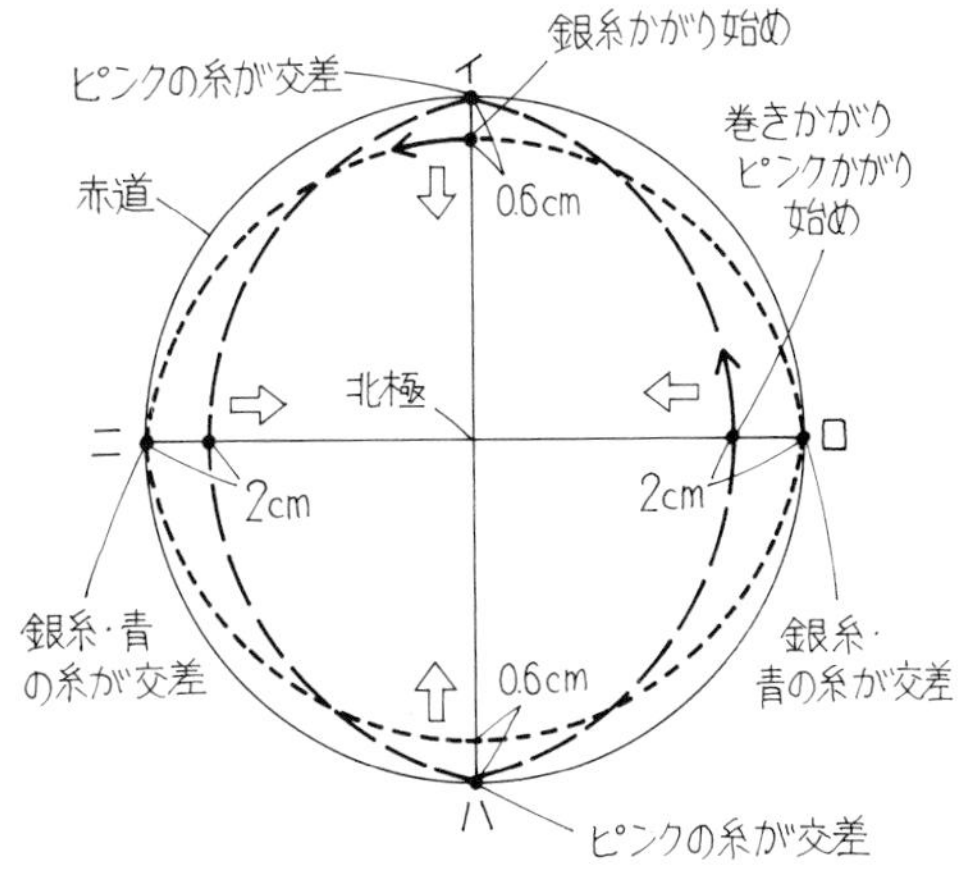
銀糸かがり始め
ピンクの糸が交差
イ
巻きかがり
ピンクかがり始め
赤道
0.6cm
北極
ニ
ロ
2cm
2cm
銀糸・青
の糸が交差
銀糸・
青の糸が交差
0.6cm
ハ
ピンクの糸が交差

■8等分の組み合わせ

紺がすり1

口絵カラー12ページ

土台まり／円周29cm（直径約9cm）。

地巻き糸／コスモの赤い地巻き糸使用。

かがり糸／コスモ25番刺繍糸4本どり。紺(169) 白(2500) 赤ラメ糸。

地割りとかがり方の順序

1 赤ラメ糸で8等分の組み合わせの地割りをします。

2 菱形4等分12か所の中をさらに8等分になるように地割り線を増します（点線部分）。

3 図のような変形四角**イ～ニ**を24か所に紺で2段かがります。

4 三角**い～は**を8か所に紺で1段かがります。

5 四角**A～D**と**a～d**、全部で18か所を紺で1段かがります。

6 **3**と**5**を紺で1段ずつかがります。

7 4等分の組み合わせの地割り線に向かって、変形四角の外側にそいながら白で1段巻きます。

変形四角**イ～ニ**4か所の外側を通る㋑～㋥の四角も白で1段かがります。

8 **3**と**4**と**5**を紺で1段、**7**を白で1段、交互に2回繰り返してかがり、土台(赤地)のかがり残りを模様の一部としてでき上がりです。

（三本迦代子）

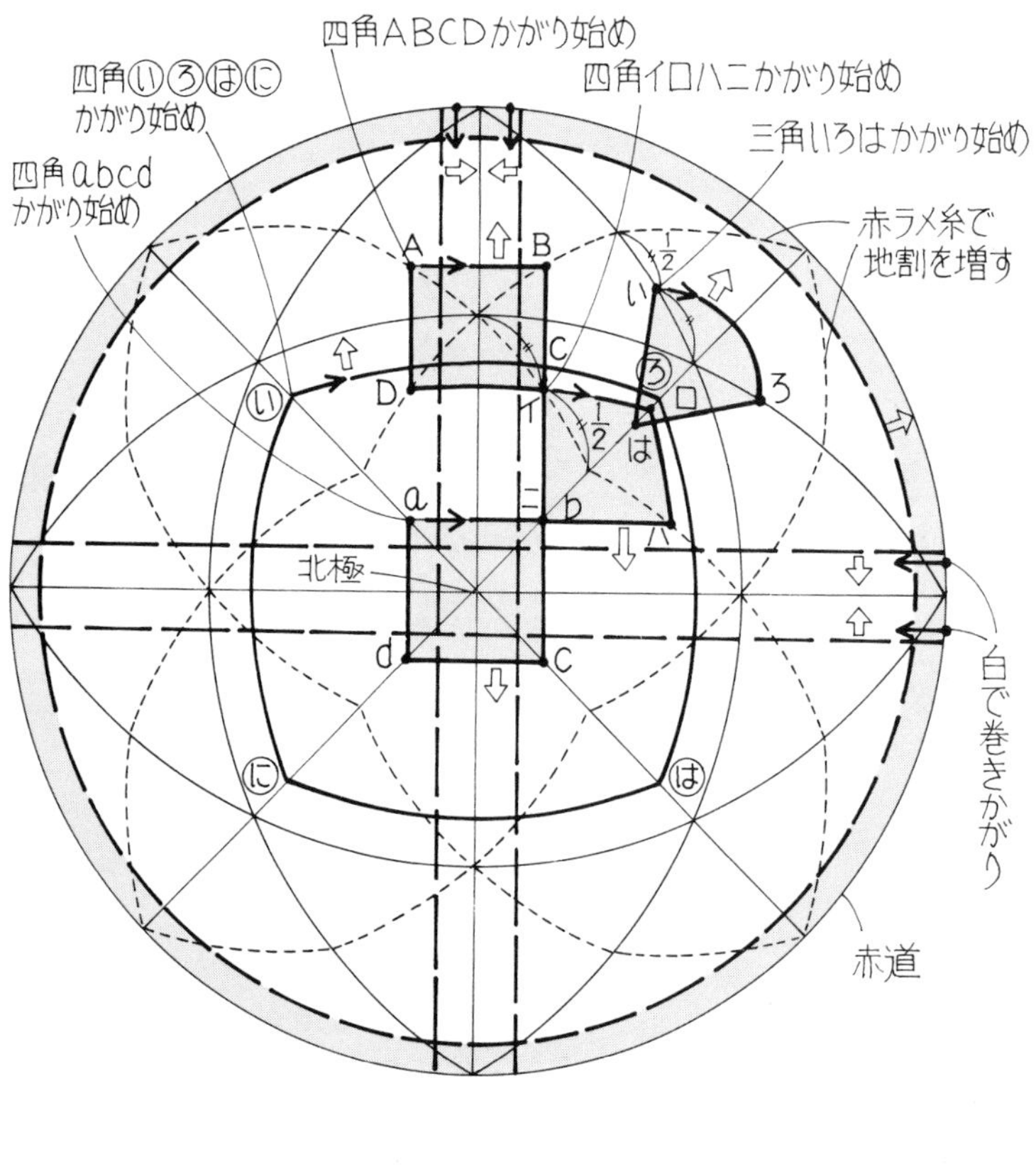
四角ABCDかがり始め
四角イロハニかがり始め
四角㋑㋺㋩㋥かがり始め
三角いろはかがり始め
四角abcdかがり始め
赤ラメ糸で地割を増す
A
B
C
D
a
b
c
d
い
ろ
は
イ
ロ
ハ
ニ
㋑
㋺
㋩
㋥
1/2
北極
白で巻きかがり
赤道

地割り…赤ラメ糸

1 四角イ～ニ（24か所）紺2段

2 三角い～は（8か所）紺1段

3 四角A～D 四角a～d（18か所）紺1段 ↗

4…1と3を紺で1段

5 4等分の地割り 四角㋑～㋥ 白1段

6 1と2と3を 紺1段

7 5を 白1段

（6・7）交互に2回

■10等分の組み合わせ

ねじり文様1

口絵カラー16ページ

土台まり／円周33cm（直径約10.5cm）。

地巻き糸／コスモの白い地巻き糸使用。

かがり糸／コスモ5番刺繍糸1本どり。黒（600）白（2500）青（164）黄緑（271）黄（301）オレンジ（757）金糸。

地割りとかがり方の順序

1 金糸で10等分の組み合わせの地割りをします。

2 三角6等分20か所に、中心より針を出し、三角を黒で5段かがります。

3 三角5か所の外側を通りながら、大きな五角**イ～ホ**を黒2段、白3段、黒1段、白3段、黒1段、白3段、黒1段、白3段、黒2段でかがります。

4 **3**の五角を同じ配色で全部で12か所にかがりますが、ねじり模様になるようにねじらせます。

5 かがり残した白土台を埋めるように、三角を青3段、黄緑3段、黄3段、オレンジ1段で20か所にかがります（図参照）。

（滝本宏子）

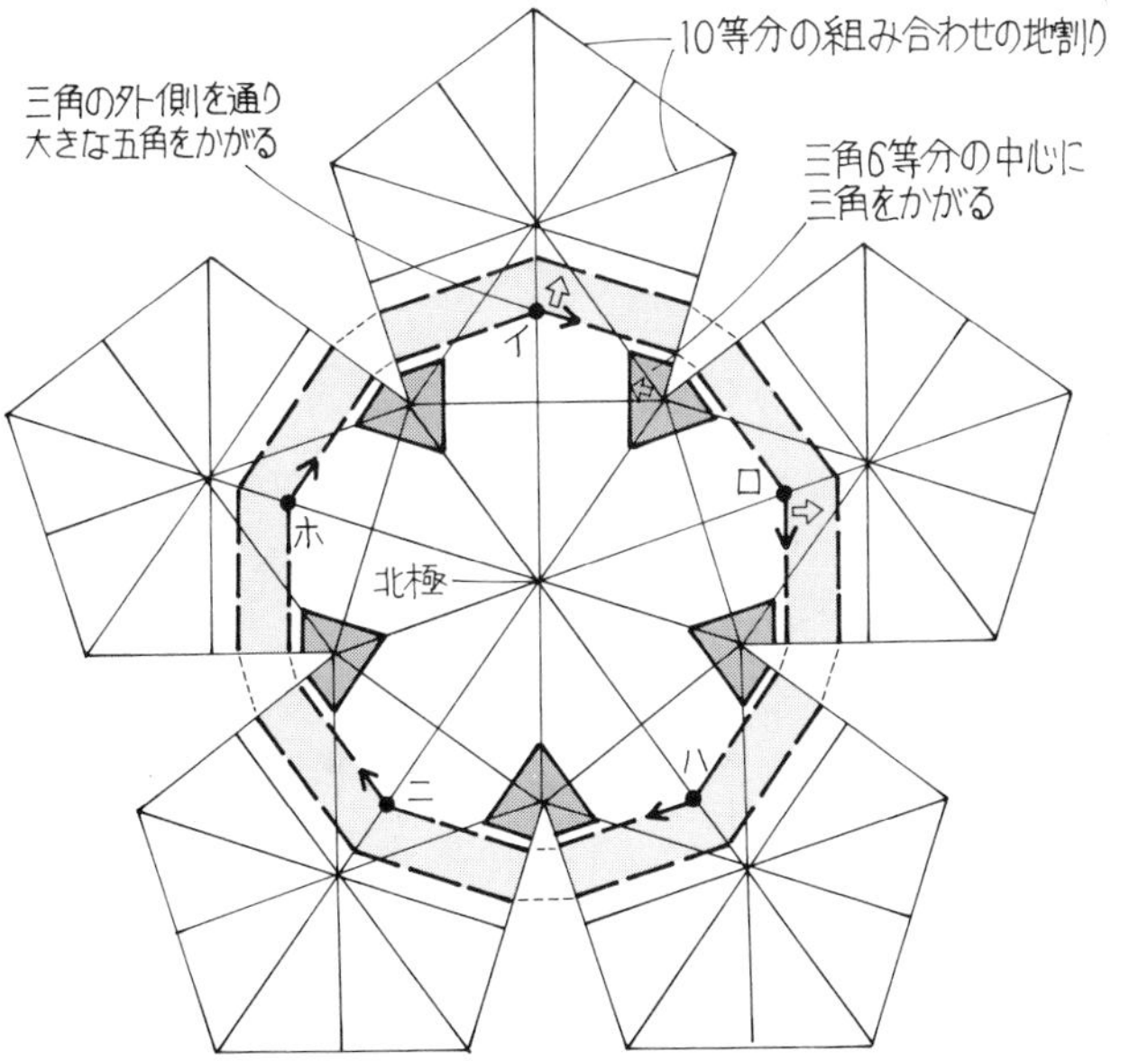
10等分の組み合わせの地割り
三角の外側を通り
大きな五角をかがる
三角6等分の中心に
三角をかがる
イ
ロ
ハ
ニ
ホ
北極

地割り…金糸

- 三角20か所
- 黒5段

- 五角12か所
- 黒2段
- 白3段
- 黒1段
- 白3段
- 黒1段
- 白3段
- 黒1段
- 白3段
- 黒2段

- 三角20か所
- 青3段
- 黄緑3段
- 黄3段
- オレンジ1段

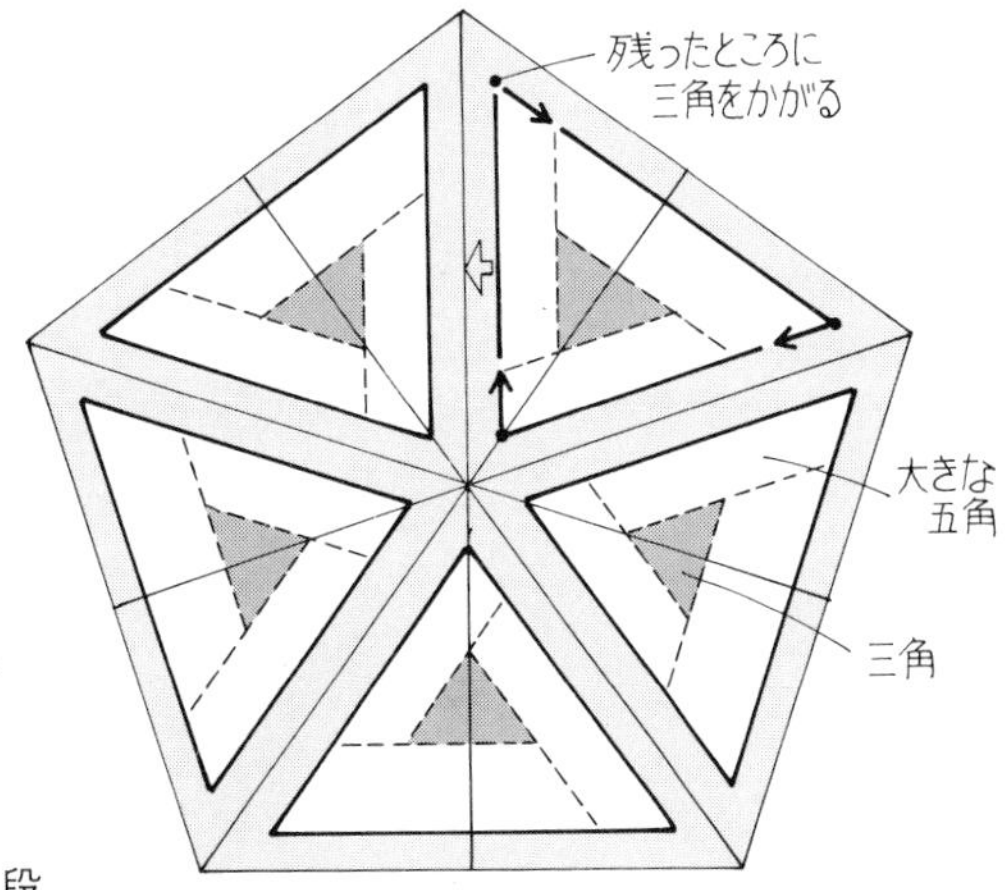
残ったところに
三角をかがる
大きな
五角
三角

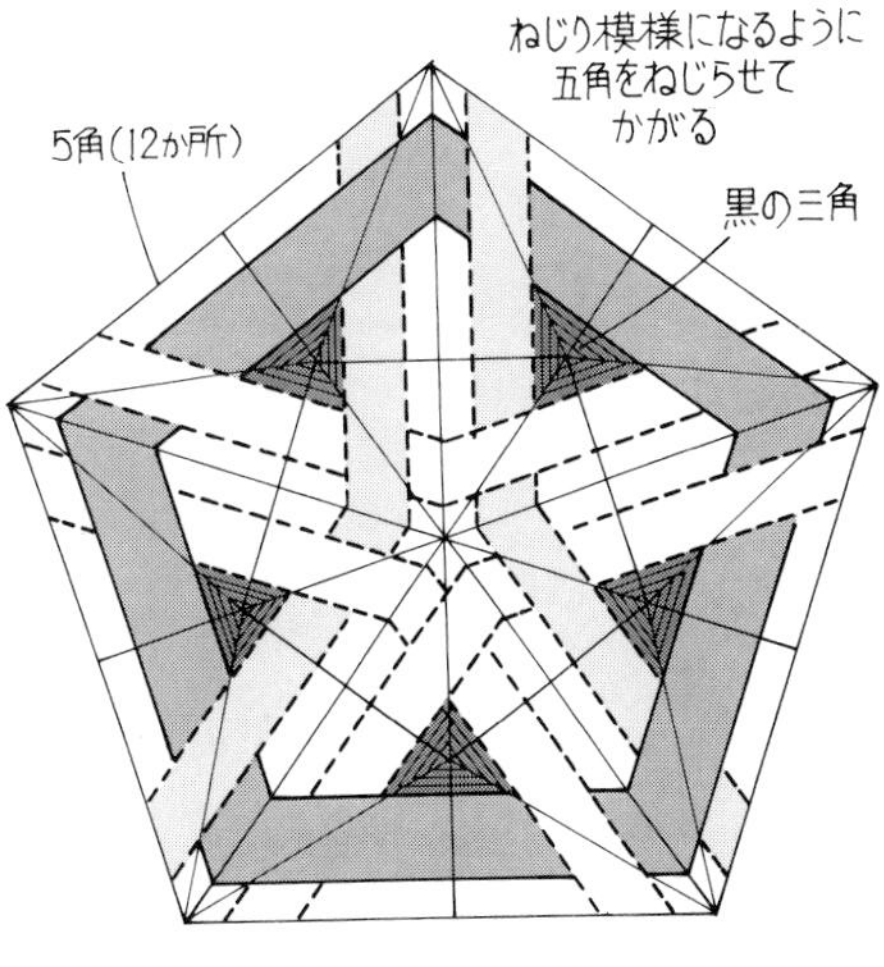
ねじり模様になるように
五角をねじらせて
かがる
5角（12か所）
黒の三角

■10等分の組み合わせ

ねじり文様2

（ステンドグラス風）　口絵カラー16ページ

土台まり／円周31cm（直径約10cm）。

地巻き糸／コスモの白い地巻き糸使用。

かがり糸／コスモ5番刺繍糸1本どり。黒（600）ピンク（112）紫（283）オレンジ（753）黄（141）黄緑（271）水色（212）白（2500）金糸。

1 地割りとかがり方の順序

金糸で10等分の組み合わせの地割りをします。

2 菱形4等分の長い線上より、**イ**—**ロ**と五角の外側を通って**A**—**B**に平行にかがり、**ロ**—**ハ**（**B**—**C**に平行、以下同様）、**ハ**〜**ホ**と五角を黒で2段、ピンクで20段かがります。

今かがった五角の裏側に、同じ配色と段数で五角をかがります。

3 隣に色をかえて五角をかがり、その裏側にもやはり同色の五角をかがりますが、三角の中心に三つ巴ができるように一方は上を通り、一方は下をくぐらせます。配色は2か所（表と裏側）を同色にし、6組12か所をかがります。

4 かがり残したところに三角を黒2段、白2段、黒2段、白4段で20か所にかがります（図参照）。

（滝本宏子）

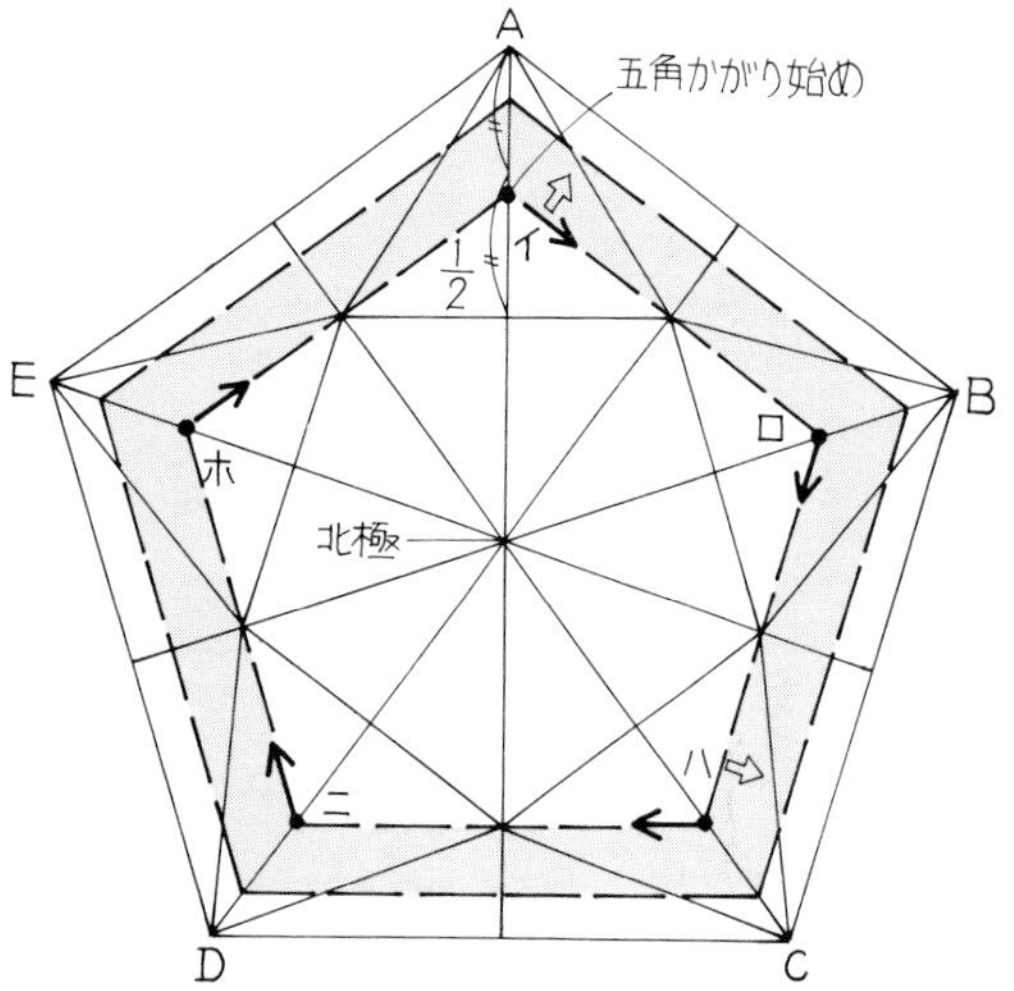
A
B
C
D
E
五角かがり始め
イ
ロ
ハ
ニ
ホ
北極
1/2

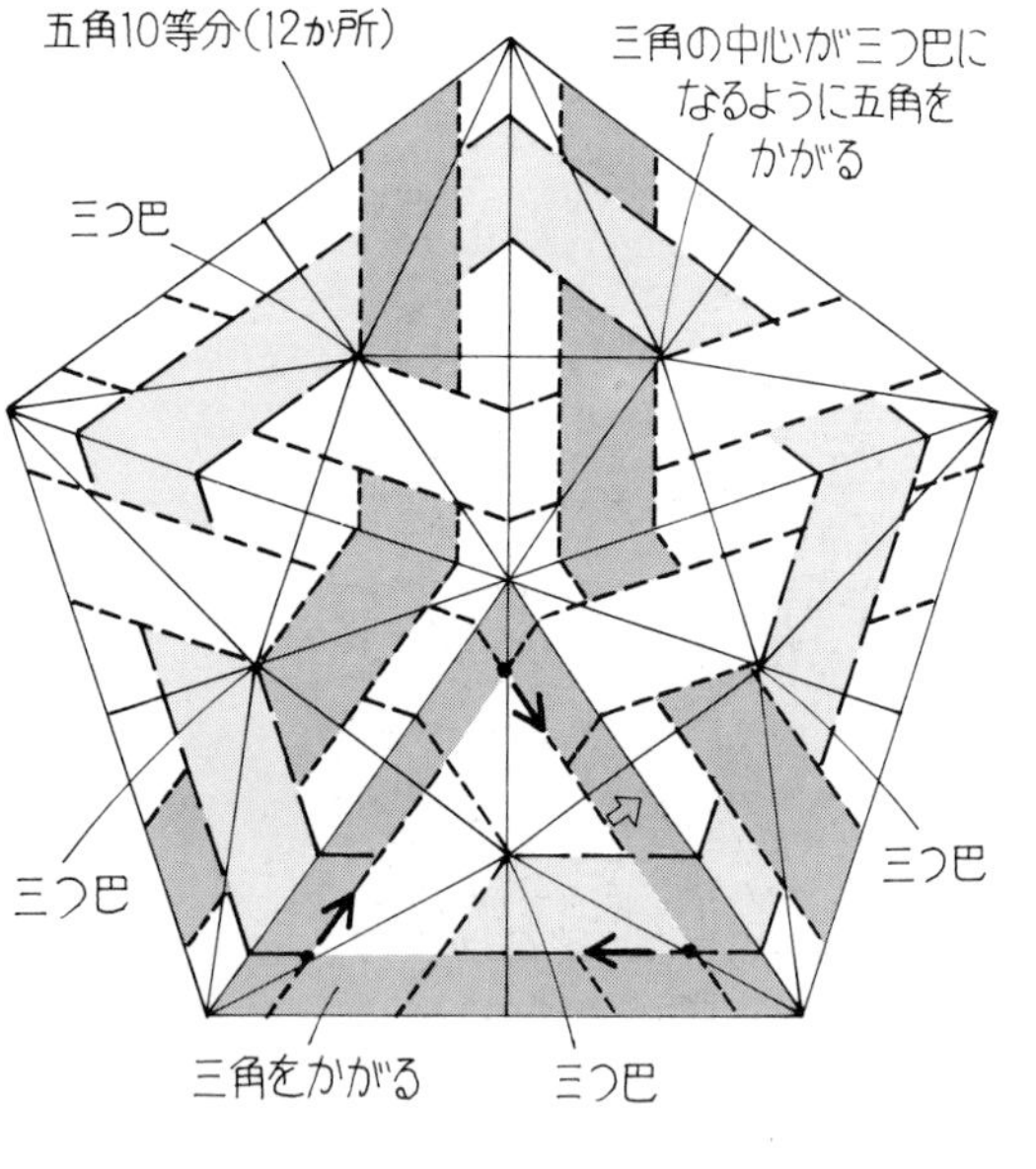
五角10等分(12か所)
三角の中心が三つ巴になるように五角をかがる
三つ巴
三つ巴
三つ巴
三つ巴
三角をかがる

地割り…金糸
五角は2か所ずつ同色にして6組かがる

1 黒2段、ピンク20段
2 黒2段、紫20段
3 黒2段、オレンジ20段
4 黒2段、黄20段
5 黒2段、黄緑20段
6 黒2段、水色20段

三角20か所
黒2段
白2段
黒2段
白4段

■10等分の組み合わせ

パイナップルドイリー

口絵カラー24ページ

土台まり／円周33cm（直径約10.5cm）。

地巻き糸／コスモの黒い地巻き糸使用。

かがり糸／コスモ25番刺繡糸3本どり。白(2500)。

地割りとかがり方の順序

1 白3本どりで10等分の組み合わせの地割りをします。

2 北極と南極の五角2か所を20等分に地割り線を増し、中心より白でアウトラインステッチ2段、網目《あみめ》千鳥3段、上掛け千鳥を3段かがります。

3 **イ**点より針を出し、五角の角《かど》を通りながら、**イ**〜**ホ**と星形に地割り線をします。

4 五角の角5か所と地割り線を増してできた星形の間《あいだ》5か所の全部で10か所に、三つ羽根亀甲を白で3段かがります。

5 星の角、**イニロホハ**の5か所を中心にして、両側に7本ずつの補助線（太破線部分）を入れます。アウトラインステッチ2段と網目千鳥を図のようにかがり、その外回りをチェーンステッチで縁取りをし、さらに千鳥かがりをしてフレンチナッツステッチで縁飾りをつけます。

6 南極にはパイナップルはかがらないで、土台に見えている地割り糸を切ります。（三本迦代子）

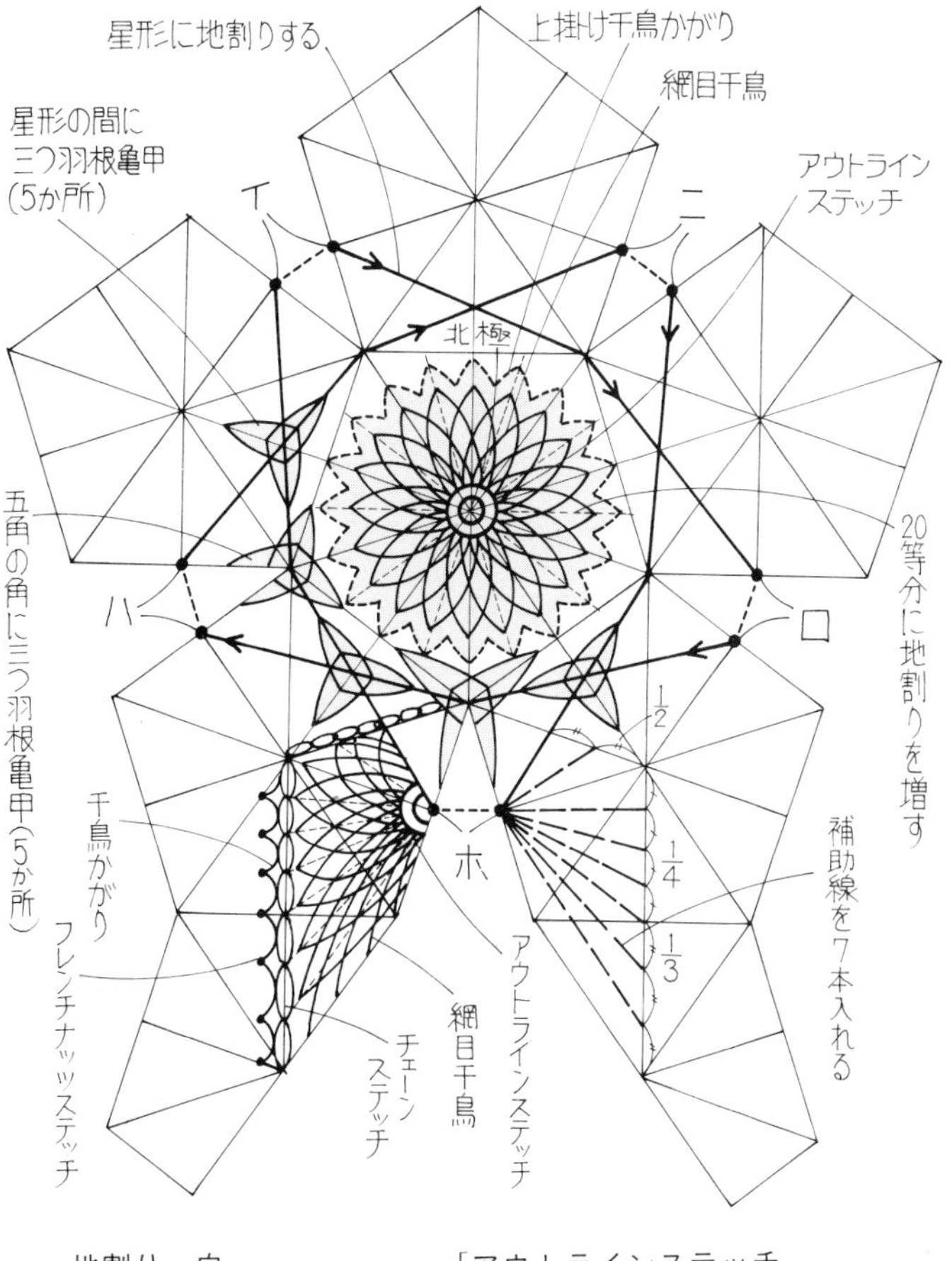
星形に地割りする
上掛け千鳥かがり
網目千鳥
星形の間に三つ羽根亀甲(5か所)
アウトラインステッチ
イ
ニ
北極
ハ
ロ
ホ
20等分に地割りを増す
五角の角に三つ羽根亀甲(5か所)
千鳥かがり
フレンチナッツステッチ
チェーンステッチ
網目千鳥
アウトラインステッチ
補助線を7本入れる
1/2
1/4
1/3

地割り…白
［アウトラインステッチ 白2段
［網目千鳥 白3段
［上掛け千鳥 白3段
［三つ羽根亀甲(10か所) 白3段
パイナップル↗
［アウトラインステッチ 白2段
［網目千鳥 白3段
［チェーンステッチ 白で縁取り
［千鳥かがり 白1段
［フレンチナッツステッチ 縁飾り

南極側から見たところ

京の菊

10等分の地割り

口絵カラー1ページ

土台まり／円周27cm（直径約8.5cm）。

地巻き糸／コスモの黒い地巻き糸使用。

かがり糸／コスモ25番刺繍糸6本どり。朱(344) 淡茶(1000) 緑(273) 金糸。

地割りとかがり方の順序

1 金糸で10等分の地割りをします。

2 図の**イ**点より針を出し、**ロ**―**ハ**―**ニ**…と点線部分をくぐらせて、千鳥かがりで1周し、残りの地割りも**い**―**ろ**―**は**…と同じようにかがります。

3 2段めからは0.4cmずつあけて、6段めまでかがります（南半球も同様にかがる）。

りんどう

10等分の地割り

口絵カラー5ページ

土台まり／円周26cm（直径約8cm）。

地巻き糸／コスモの黒い地巻き糸使用。

かがり糸／コスモ5番刺繍糸1本どり。黄(141) 紫濃淡(286・283) 緑(273) 金糸。

地割りとかがり方の順序

1 金糸で10等分の地割りをします。

2 赤道の両側に金糸で補助線を入れて菱形の中を16等分し、黄1段、淡紫2段、濃紫3段で上掛け千鳥をし、5個のりんどうをかがります。

3 両極の10等分を金糸で20等分にして（破線部分）、両極に上掛け千鳥で大きいりんどうをかがり

つむ型模様1

12等分の地割り

口絵カラー7ページ

土台まり／円周25cm（直径約8cm）。

地巻き糸／コスモの黒い地巻き糸使用。

かがり糸／コスモ5番刺繍糸1本どり。白(2500) 黒(600) 赤(798) 金糸。

地割りとかがり方の順序

1 金糸で12等分の地割りをします。

2 **イ**のつむ型（白、黒交互に4回、合計8段）を地割り線1本おきに6か所にかがります。

3 赤道を中心に、赤で0.7cm 8段の帯を巻きます。

4 帯の上から、残りの地割り線上に**い**のつむ型（白、黒交互に4回、合計8段）を6か所にかが

糸は、朱と淡茶を混ぜ合わせて6本どりにしますが、1段めは淡茶を多くし、次の段から淡茶を減らし、朱を増していきます。

❹ 赤道を中心に緑4本、淡茶2本の6本どりで千鳥かがりを5段かがります。

（増田あや子）

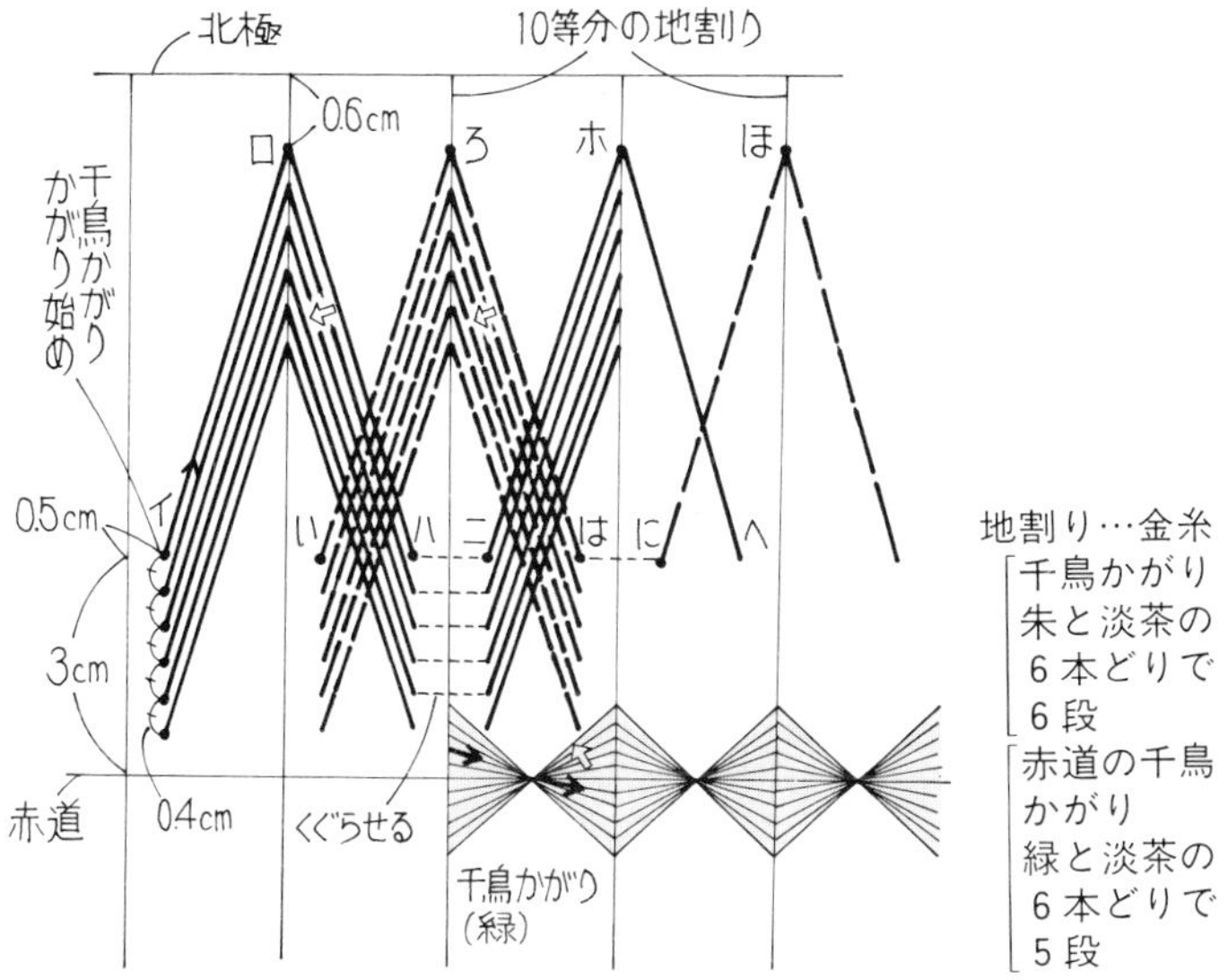
北極
10等分の地割り
0.6cm
ロ
ろ
ホ
ほ
千鳥かがりかがり始め
0.5cm
イ
い
ハ
ニ
は
に
へ
3cm
赤道
0.4cm
くぐらせる
千鳥かがり（緑）
地割り…金糸
千鳥かがり
朱と淡茶の
6本どりで
6段
赤道の千鳥
かがり
緑と淡茶の
6本どりで
5段

ます。長い花弁は赤道まで、短い花弁は菱のきわまで、黄1段、淡紫3段、濃紫2段でかがります。

❹ 緑で補助線の菱にそって1段（点線部分）、さらに**イ**—**ロ**の点線のように短い花弁にかけて2段かがってでき上がりです。

（片倉ヒサエ）

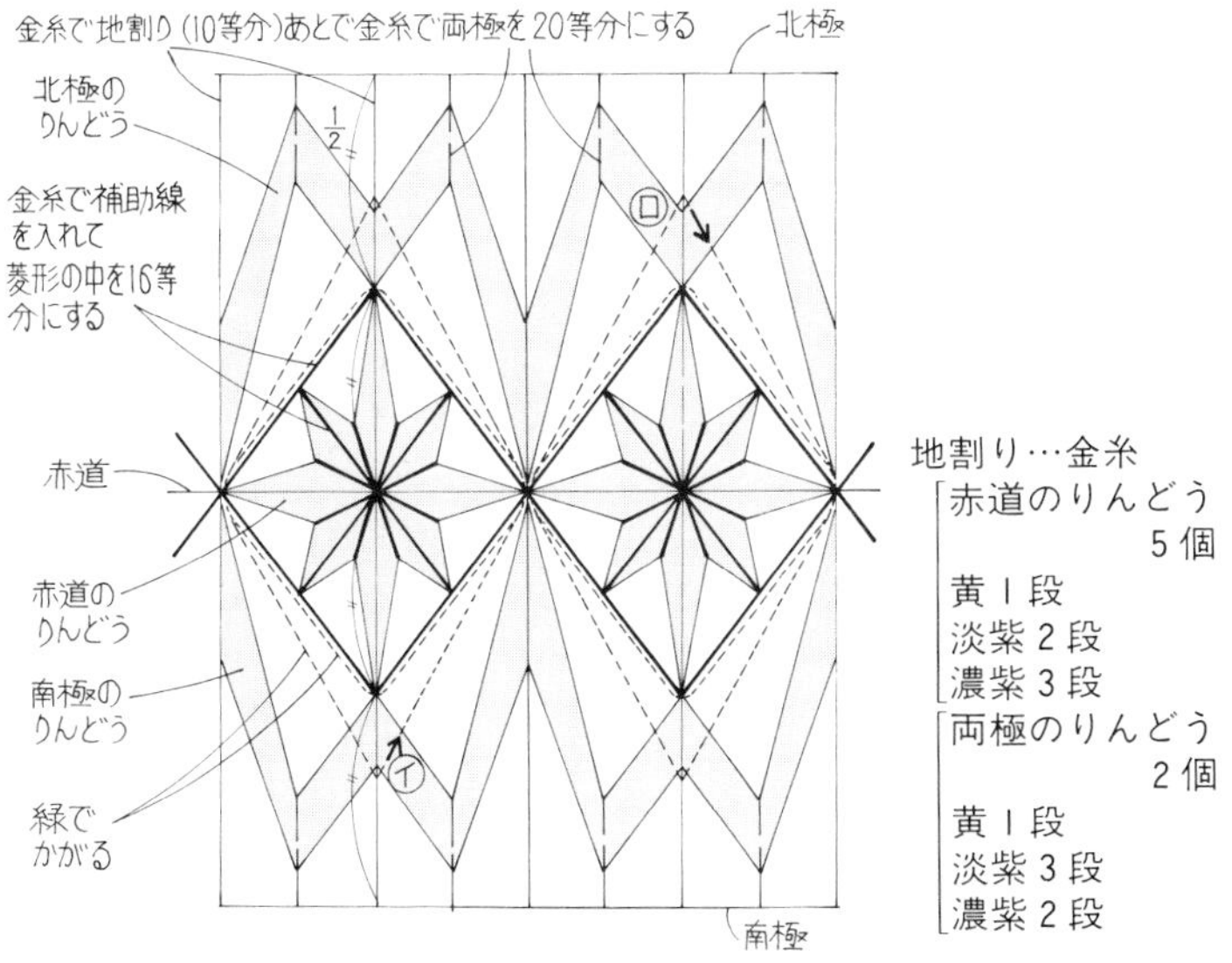
金糸で地割り（10等分）あとで金糸で両極を20等分にする
北極
北極のりんどう
金糸で補助線を入れて菱形の中を16等分にする
ロ
赤道
赤道のりんどう
南極のりんどう
緑でかがる
イ
南極
地割り…金糸
赤道のりんどう
5個
黄1段
淡紫2段
濃紫3段
両極のりんどう
2個
黄1段
淡紫3段
濃紫2段

ります。

❺ 北極を交差点として、**イ**のつむ型に重ねて白1段でつむ型をかがります。

❻ 次に隣の**イ**のつむ型に重ねて1段かがり、3つのつむ型を白、黒交互に4回、合計8段かがります。

南半球も南極を交差点として、やはり**イ**のつむ型に重ねて3つのつむ型を同じ配色と段数でかがります。

（片倉ヒサエ）

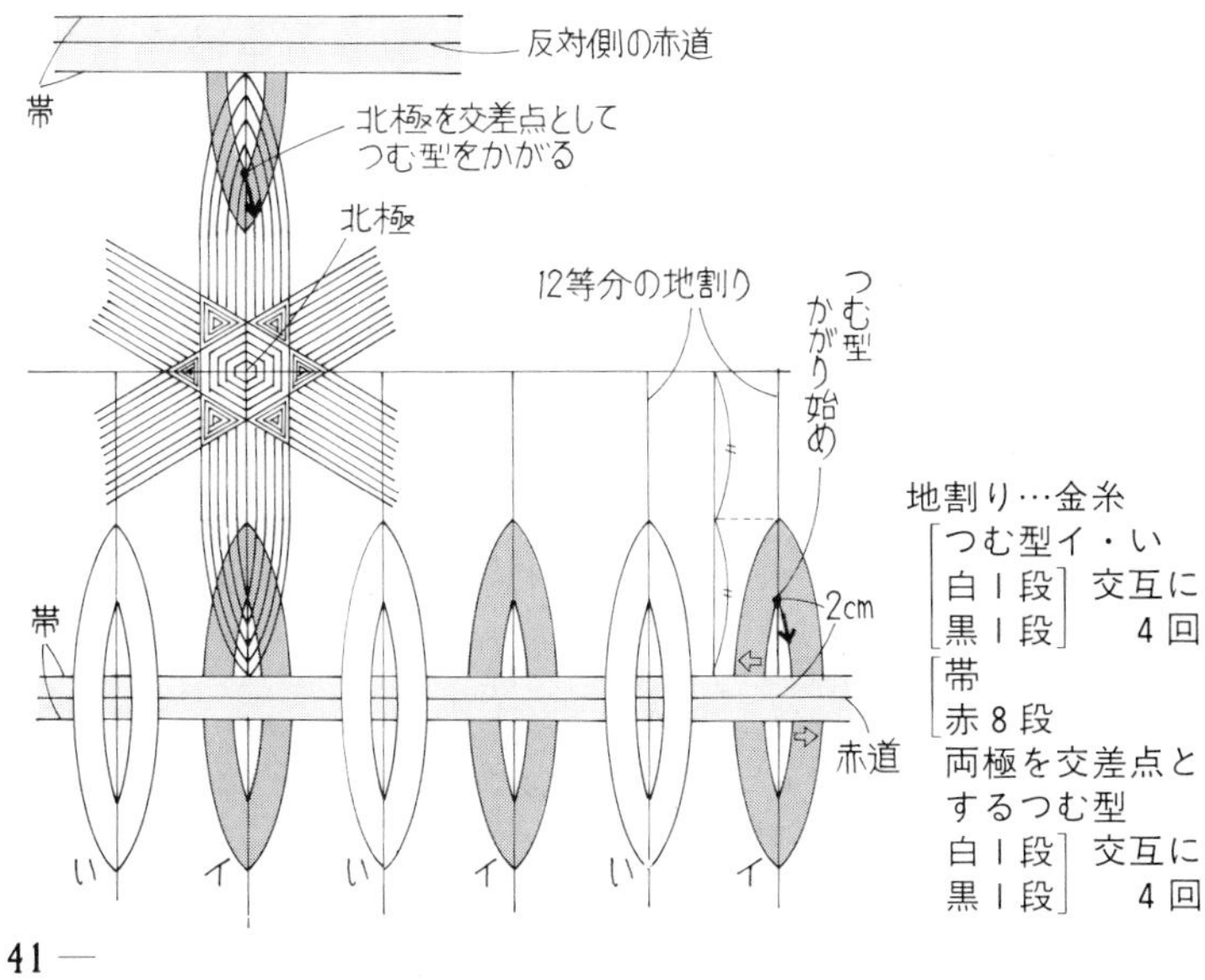
反対側の赤道
帯
北極を交差点としてつむ型をかがる
北極
12等分の地割り
つむ型かがり始め
2cm
帯
赤道
い
イ
い
イ
い
イ
地割り…金糸
つむ型イ・い
白1段
黒1段
交互に
4回
帯
赤8段
両極を交差点とするつむ型
白1段
黒1段
交互に
4回

8等分の地割り

麻の葉と巻きかがり

口絵カラー14ページ

土台まり／円周28cm（直径約9cm）。

地巻き糸／コスモの淡い茶色の地巻き糸使用。

かがり糸／コスモ5番刺繍糸1本どり。朱（344）青濃淡（166・162） 紺（169） 淡茶（1000） 銀糸。

地割りとかがり方の順序

1 銀糸で図のように、$\frac{1}{8}$＋1cmをとって8等分の地割りをします。

2 1cm多い方の地割りの間を8等分し、朱で図の点線部分のようにかがり、そのあと麻の葉の模様を同じ朱でかがります。

3 残っている方の地割りの間4か所に、両極で

6等分の地割り

立山杉1

口絵カラー15ページ

土台まり／円周27cm（直径約8.5cm）。

地巻き糸／コスモの白い地巻き糸使用。

かがり糸／コスモ25番刺繍糸3本どり。緑濃淡（319・317・276・273・271・898） 金糸。

地割りとかがり方の順序

1 金糸で6等分の地割りをします。

2 北極と南極から赤道までを4等分し、赤道線上の各地割りの間も4等分します。

3 a線上の菱形**イ〜ニ**、**A〜D**、**い〜に**の3か所を緑319で1段かがります。

4 b線上の菱形3か所（点線部分）を緑317で1

16等分の地割り

六角つなぎ

口絵カラー9ページ

土台まり／円周28cm（直径約9cm）。

地巻き糸／コスモの白い地巻き糸使用。

かがり糸／コスモ25番刺繍糸4本どり。黒（600）青（164） ピンク濃中淡（2105・114・112） 金糸。

地割りとかがり方の順序

1 金糸で16等分の地割りをします。

2 北極（南極）から赤道までを3等分し、赤道よりの$\frac{1}{3}$の地点に、地割り線1本おきに待針を打ちます（両半球共、同じ線上）。

3 金糸で**イ—ロ**…と待針3本目ごとに上下を結びながら6周しますと、六角が8個と剣形が北半

糸を交差させて巻きかがりをします。間に淡茶を1本入れて淡青5本、濃青5本、紺5本で巻きます。

（峰田正子）

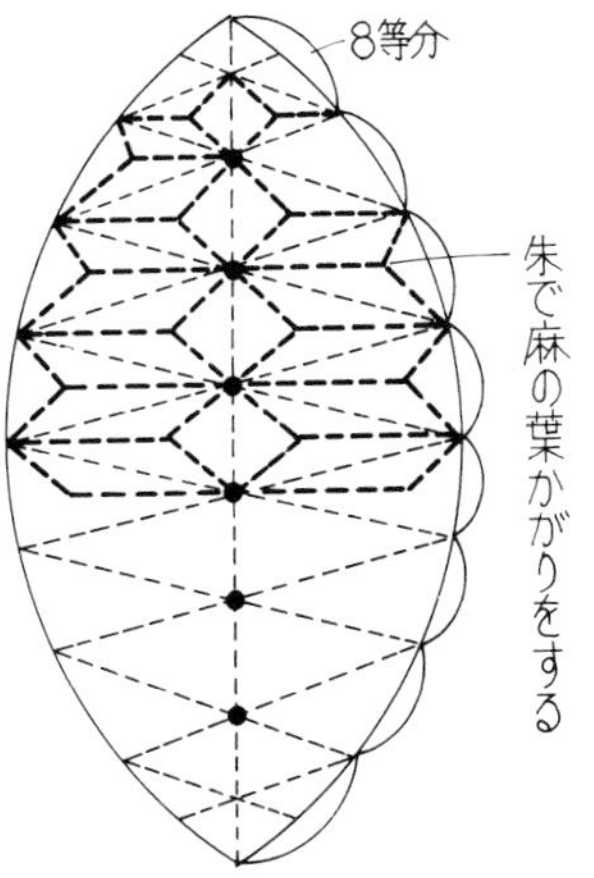

8等分
朱で麻の葉かがりをする

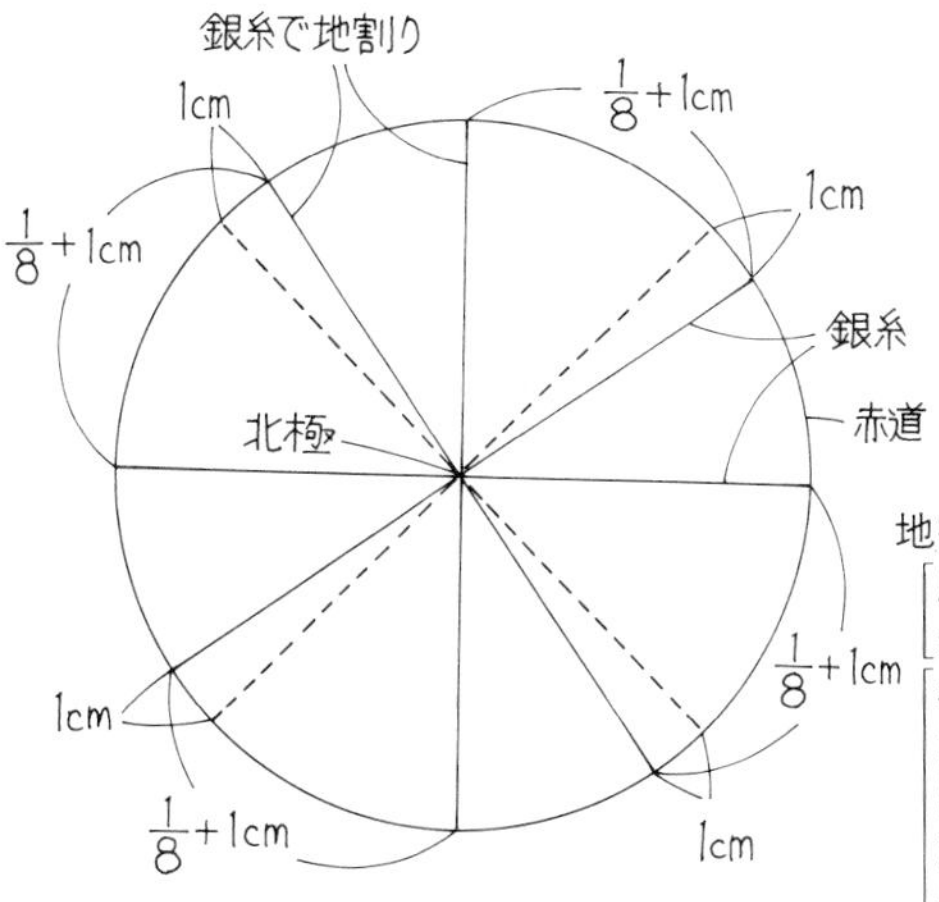

銀糸で地割り
1cm
1/8+1cm
1cm
銀糸
赤道
北極
1/8+1cm
1cm
1/8+1cm
1cm
1/8+1cm

地割り…銀糸
麻の葉（4か所）
朱
巻きかがり
淡青1本・淡茶1本　交互に5回
濃青1本・淡茶1本　交互に5回
紺1本・淡茶1本　交互に5回

段かがります。

5 隣の地割り線に移りながら残りの4本の地割り線上に、菱形各3か所を緑271、273、276、898で1段ずつかがります。

6 6本の地割り線上に6色で菱形を1段ずつかがったら、2段めを前段と同じ糸でかがり、1段かがったら隣に移るのを繰り返し、各菱形12段かがって全体を埋めます。

（帯刀道子）

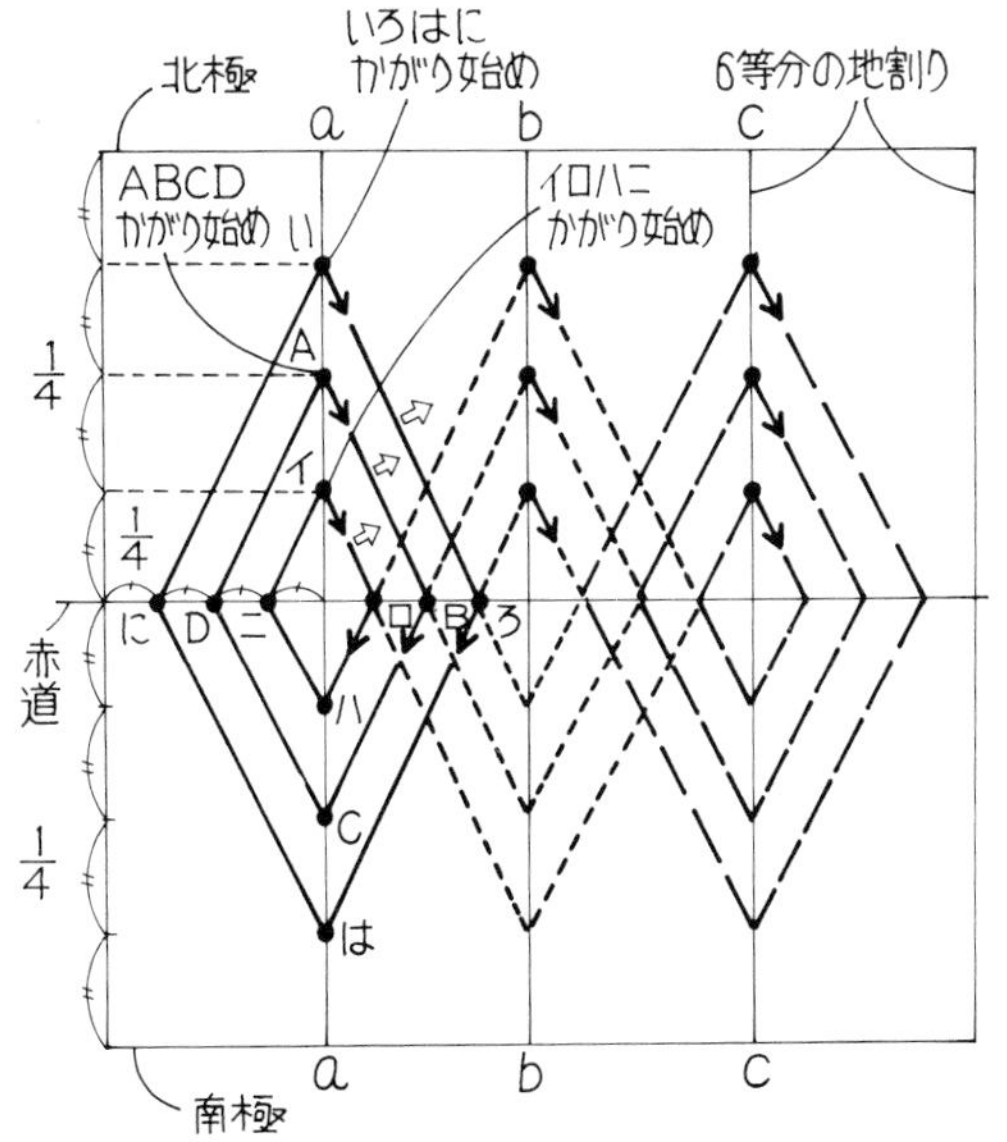

北極
いろはにかがり始め
6等分の地割り
a
b
c
ABCDかがり始め
イロハニかがり始め
い
A
イ
1/4
1/4
赤道
に
D
ニ
ロ
B
ろ
ハ
C
は
1/4
南極

地割り…金糸
菱形3個
（6か所）
緑319…12段
緑317…12段
緑271…12段
緑273…12段
緑276…12段
緑898…12段

球と南半球に8個ずつできます。

4 図のA～Fの六角を赤道線はすくわずに、金糸2段、黒1段、青10段、黒1段でかがり埋めますと8個の六角が帯状に並んでできます。

5 剣形16個は①点より針を出し、②—③—④と金糸で2段かがり、残りの幅が平行になるように気をつけてピンク112で5段かがります。

6 次は、図のようにい—ろ—は…の順に一筆描きのように8個の剣形を連続でかがります。

5のピンク112にそって、ピンク114を1段、ピンク2105を1段、黒1段で花形に埋めます。

（林公子）

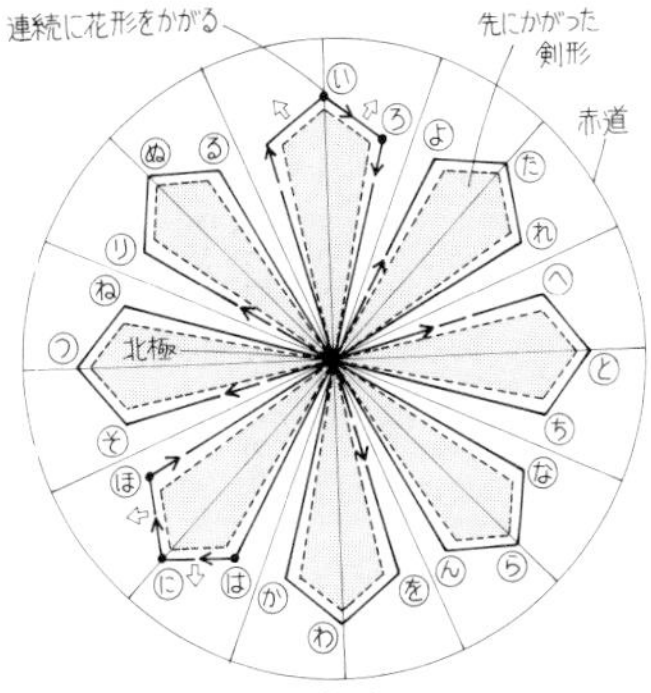

連続に花形をかがる
先にかがった剣形
赤道
北極

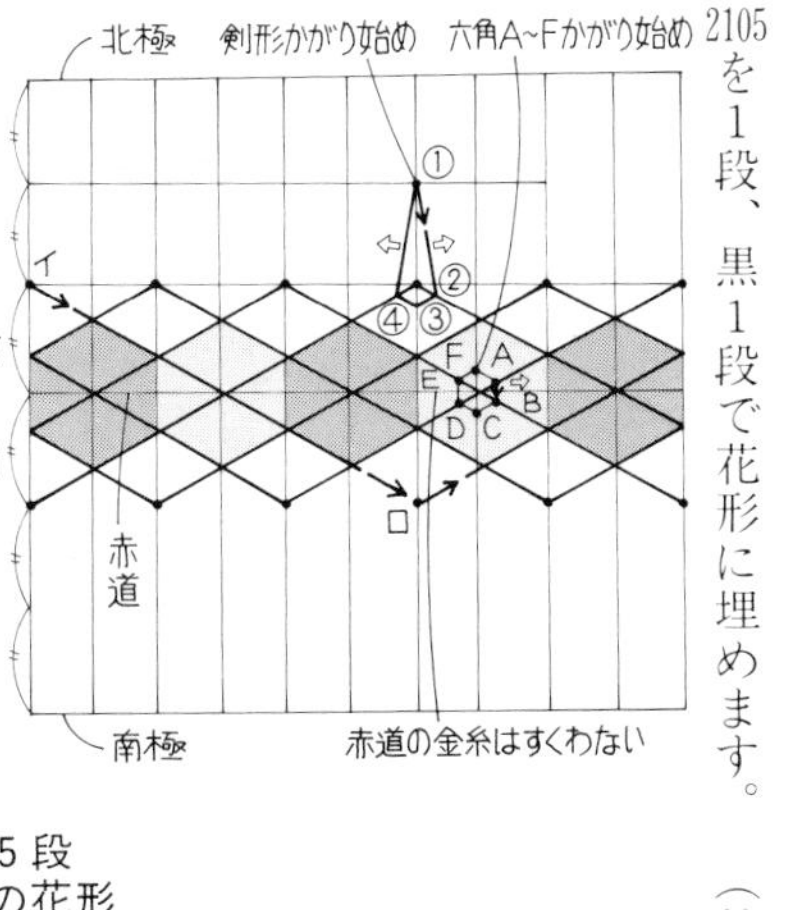

北極
剣形かがり始め
六角A~Fかがり始め
①
②
③
④
イ
1/3
1/3
F
A
E
B
D
C
ロ
赤道
南極
赤道の金糸はすくわない

地割り…金糸
六角A～F
（8か所）
金糸2段
黒1段
青10段
黒1段
剣形①～④↗
金糸2段
淡ピンク5段
一筆描きの花形
ピンク114を1段
ピンク2105を1段
黒1段

綾糸

8等分の地割り

口絵カラー14ページ

土台まり／円周27cm（直径約8.5cm）。

地巻き糸／コスモの淡いオレンジの地巻き糸使用。

かがり糸／コスモ5番刺繍糸1本どり。赤（798）オレンジ濃淡（757・753）朱（342）橙（145）緑濃中淡（276・273・271）金糸。

地割りとかがり方の順序

1 金糸で8等分の地割りをします。

2 赤道を中心として、その両側2cmのところに赤道にそって金糸を1本巻きます。

3 8等分の地割りの間に赤、オレンジ濃淡、朱、橙、緑271、273の順に2本ずつ巻いて、緑276を1本

枯れ草と落ち葉

6等分の地割り

口絵カラー3ページ

土台まり／円周25cm（直径約8cm）。

地巻き糸／コスモの淡い緑の地巻き糸使用。

かがり糸／コスモ5番刺繍糸1本どり。緑濃淡（319・317）白（2500）茶濃中淡（2311・130・307）橙（145）。

地割りとかがり方の順序

1 濃緑2本どりで6等分の地割りをします（地割りのみ2本どりでする）。

2 最初に落ち葉の位置を6等分の地割り線の間に図のように6か所決めて、濃緑で1本入れます。

3 濃緑の線を囲むようにして、つむ型の落ち葉を白3段、茶307を2段、橙を2段、茶2311を1段、

蝶

8等分の地割り

口絵カラー14ページ

土台まり／円周31cm（直径約10cm）。

地巻き糸／コスモの黒い地巻き糸使用。

かがり糸／コスモ5番刺繍糸1本どり。えんじ（241）青緑（900）黄（300）銀糸 金糸。

地割りとかがり方の順序

1 銀糸で8等分の地割りをします。

2 図のように赤道で2cm間をあけて、えんじで0.3cm間隔の巻きかがりをします（薄墨部分）。

3 両半球に蝶の形をチャコで描いておきます。

4 3で描いた蝶の外側の部分を青緑でかがり（破線部分）、さらに銀糸で青緑より1cm短かくかがり

だけ巻きます（合計15本）。

4 赤道を中心とした金糸4cmの間に、**イ**と**い**の2か所から交互に**3**で巻いた色の順に山形かがりをします。（佐藤綾子）

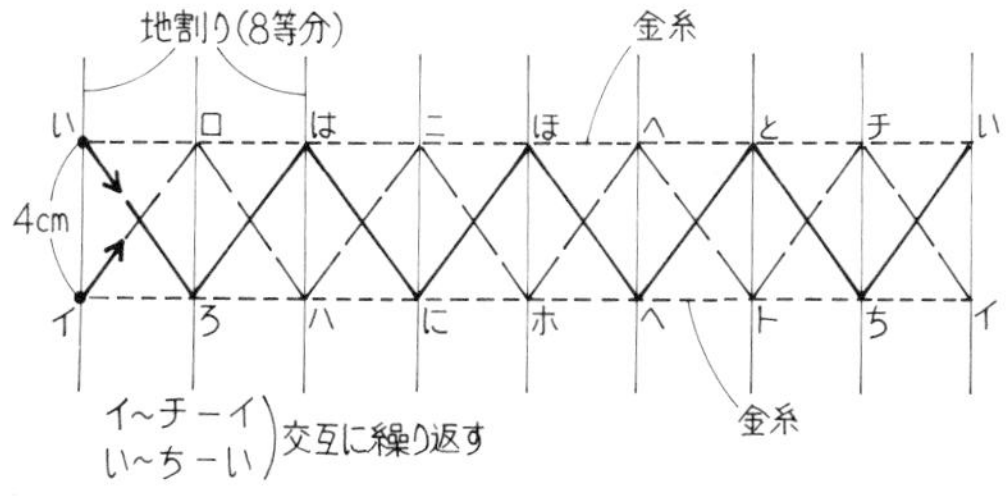
地割り(8等分)
金糸
い ロ は ニ ほ へ と チ い
4cm
イ ろ ハ に ホ へ ト ち イ
金糸
イ~チーイ
い~ちーい
交互に繰り返す

地割り…金糸
巻きかがり
8等分の地割りの間に巻く
赤2本
濃オレンジ2本
淡オレンジ2本
朱2本
橙2本
緑271を2本
緑273を2本
緑276を1本
山形かがり
赤2本
濃オレンジ2本
淡オレンジ2本
橙2本
緑271を2本
緑273を2本
緑276を1本

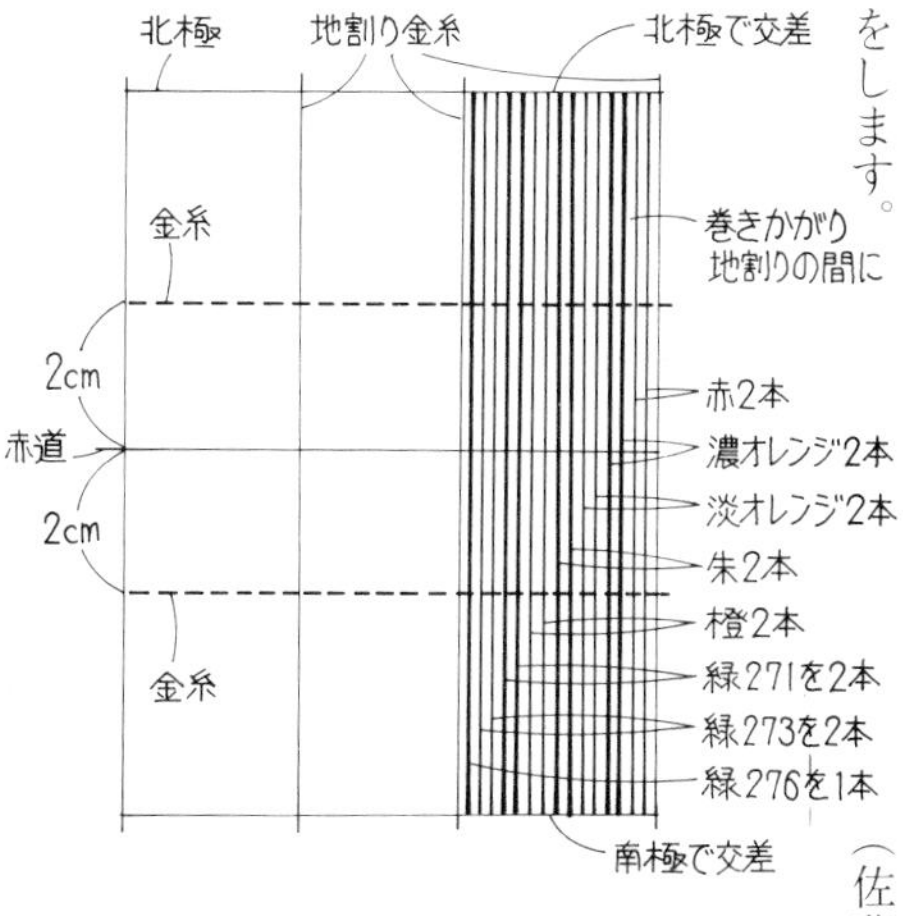
北極
地割り金糸
北極で交差
金糸
巻きかがり
地割りの間に
2cm
赤道
2cm
赤2本
濃オレンジ2本
淡オレンジ2本
朱2本
橙2本
緑271を2本
緑273を2本
緑276を1本
金糸
南極で交差

茶130を2段、茶2311を2段でかがります。

4 両極を中心に、緑の濃淡で落ち葉の外回りのきわまで松葉かがりをし、両極の交点を茶130で結んで押えます。（片倉ヒサエ）

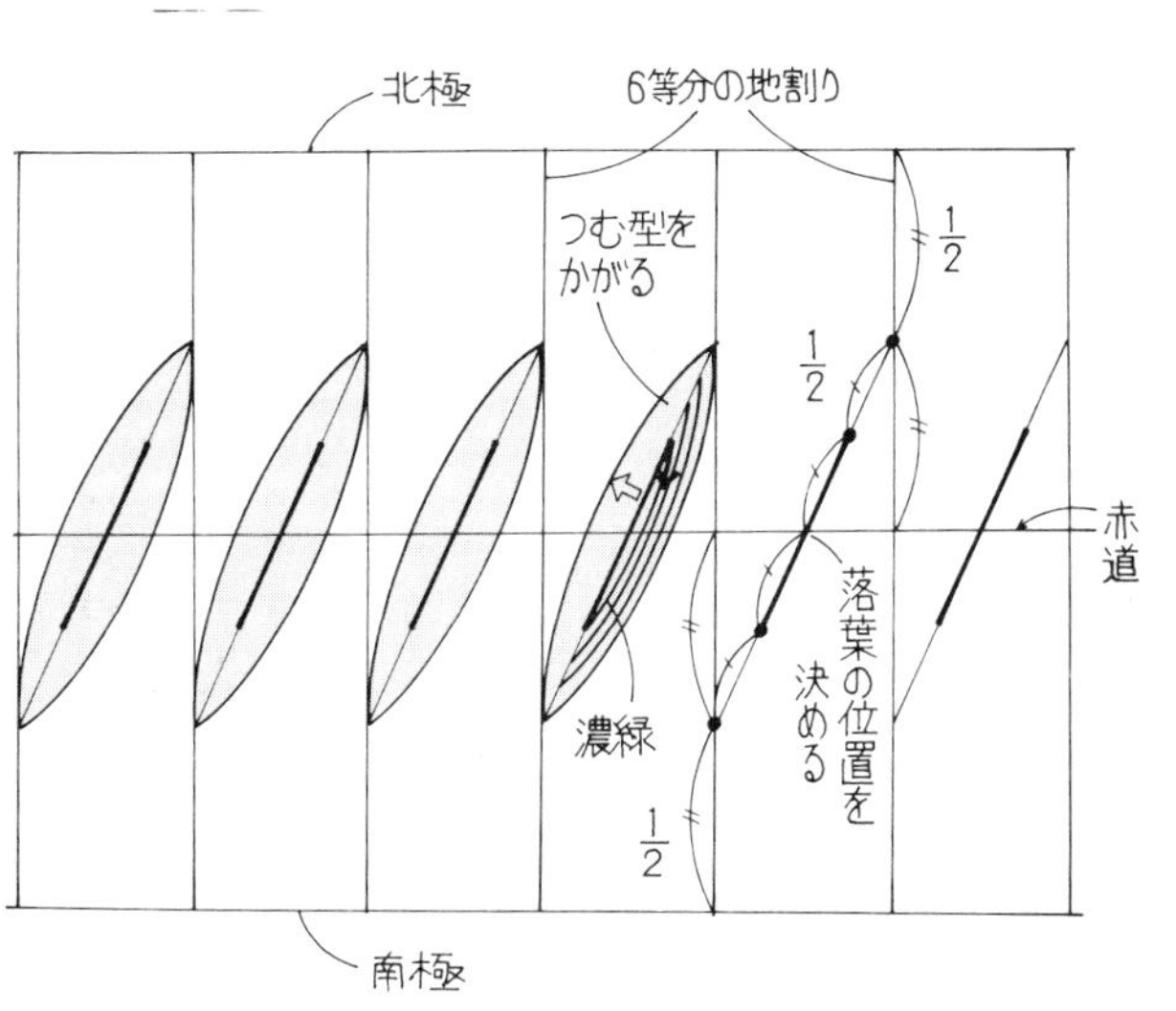
北極
6等分の地割り
つむ型をかがる
1/2
1/2
赤道
落葉の位置を決める
濃緑
1/2
南極

地割り…濃緑
落ち葉
濃緑1段の外につむ型を白3段、
茶307を2段
橙2段
茶2311を1段
茶130を2段
茶2311を2段
松葉かがり
両極を中心に緑濃淡でかがり、
茶130で押える

ますと、えんじの蝶が浮きでるようになります。巻きかがりの交差点を金糸でまとめます。

5 赤道に黄で0.6cm9段の帯を巻いたあと（濃墨部分）、金糸で押えます。（小木曽志づ子）

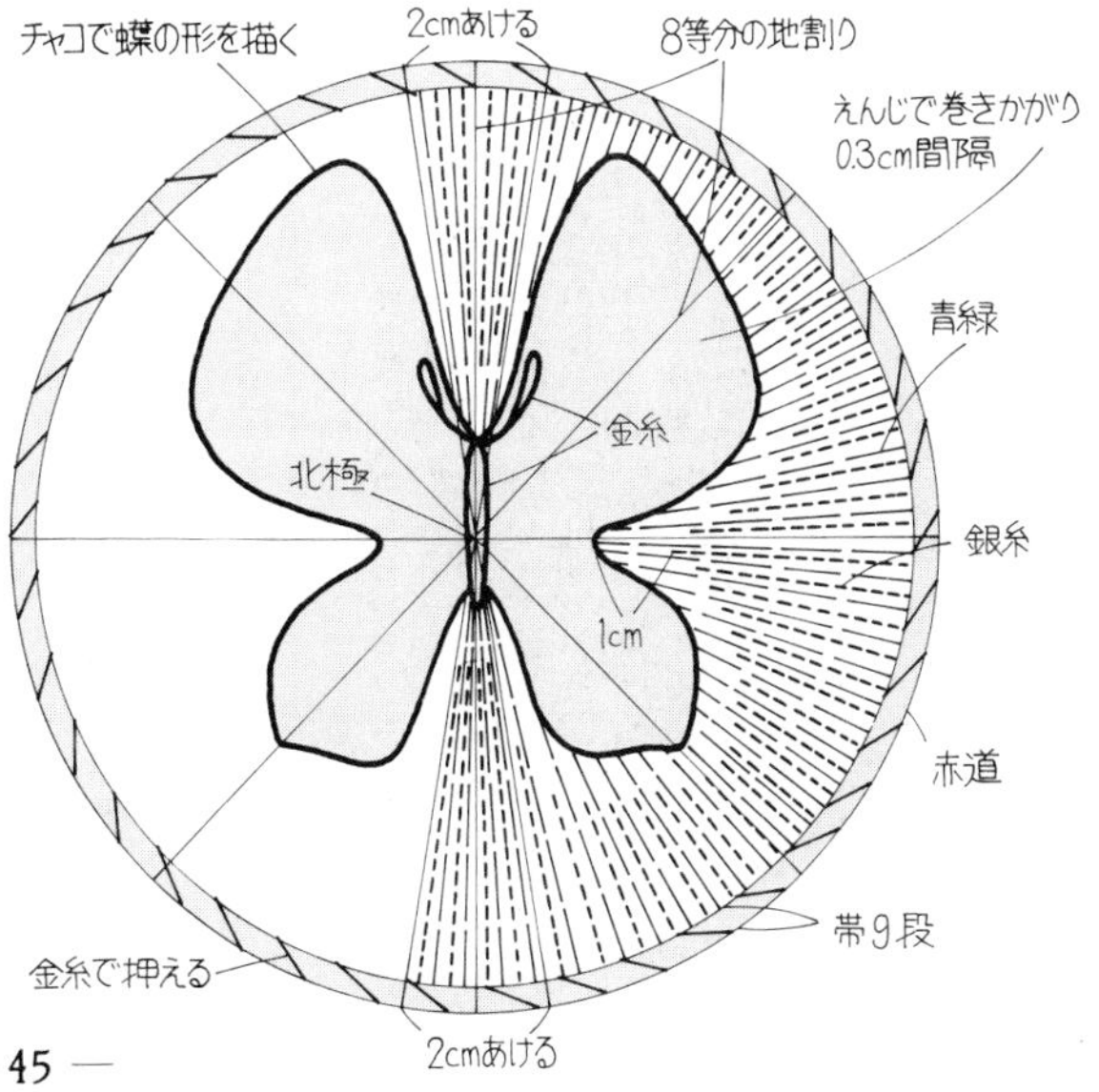
チャコで蝶の形を描く
2cmあける
8等分の地割り
えんじで巻きかがり
0.3cm間隔
青緑
金糸
北極
銀糸
1cm
赤道
帯9段
金糸で押える
2cmあける

地割り…銀糸
巻きかがり
2cm残して0.3cm間隔でえんじで巻き、蝶の外側を青緑と銀糸(1cm短かく)で巻く
帯…黄9段
金糸で押える

秋

6等分の地割り

カバー表

土台まり／円周30cm（直径約9.5cm）。

地巻き糸／コスモの橙色の地巻き糸使用。

かがり糸／コスモ5番刺繡糸1本どり。緑濃中淡（276・319・317）赤（798）橙（145）オレンジ（753）金糸。

地割りとかがり方の順序

1 金糸で6等分の地割りをします。

2 赤道上の**い**、**ろ**、**は**、**に**、**ほ**、**へ**の各点より、球体の$\frac{1}{8}$ずつを秋のイメージの6色を用いて、0.2cm間隔で15段ずつ巻きかがりをします。

糸は赤道を通りますので、交点が赤道に6か所

立山杉3

6等分の地割り

口絵カラー9ページ

土台まり／円周28cm（直径約9cm）。

地巻き糸／コスモの白い地巻き糸使用。

かがり糸／コスモ5番刺繡糸2本どり。緑濃中淡（276・273・271）茶濃淡（309・129・127・305）青（164）白（2500）黒（600）金糸。

地割りとかがり方の順序

1 金糸で6等分の地割りをします。

2 北半球と南半球の山形かがりを1段ずつ交互に繰り返してかがります。

1より針を出し**2**—**3**—**4**…とかがり、**1**にもどり、隣の**イ**点より矢印方向にかがります。

波とくじら

4等分の地割り

口絵カラー17ページ

土台まり／円周30cm（直径約9.5cm）。

地巻き糸／コスモの白い地巻き糸使用。

かがり糸／コスモ25番刺繡糸3本どり。青濃中淡（166・164・162）黒（600）白（2500）銀糸。

地割りとかがり方の順序

1 銀糸で4等分の地割りをします。

2 青い海（横）と黒いくじら（縦）が4等分の中心（両極）にできるように、方眼紙にくじらを描いて段数を数えながら青164と黒を交互に巻きます。

3 くじらができたらくじらの上部に0.6cm、下部に1cm青164を巻いて海を広げ、白で目を入れます。

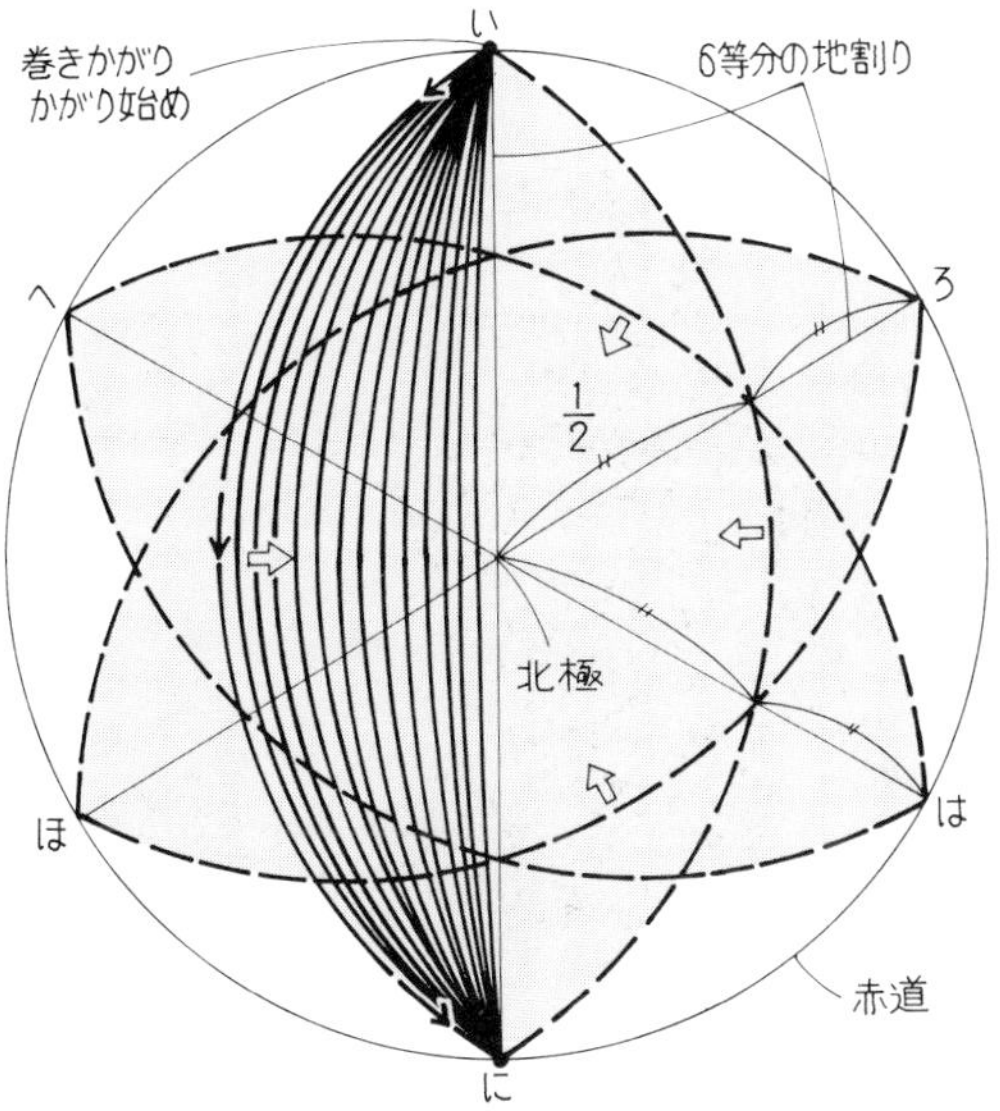
巻きかがり
かがり始め
6等分の地割り
い
ろ
は
に
ほ
へ
1/2
北極
赤道

地割り…金糸	
巻きかがり	
1	濃緑276で北極とヘホ間をいにを通り15段巻く
2	赤で北極とイヘ間をろほを通り15段巻く
3	オレンジで北極とニホ間をはへを通り15段巻く
4	赤で北極とロハ間をにいを通り15段巻く
5	緑 319で北極とハニ間をほろを通り15段巻く
6	赤で北極とイロ間をへはを通り15段巻く
7	淡緑317で赤道とイヘ間をろほを通り15段巻く
8	橙で赤道とロハ間をいにを通り15段巻く
9	オレンジで赤道とヘホ間をいにを通り15段巻く

できます。巻きかがりの順序と配色・段数は表を参照してください。

（酒井千穂子）

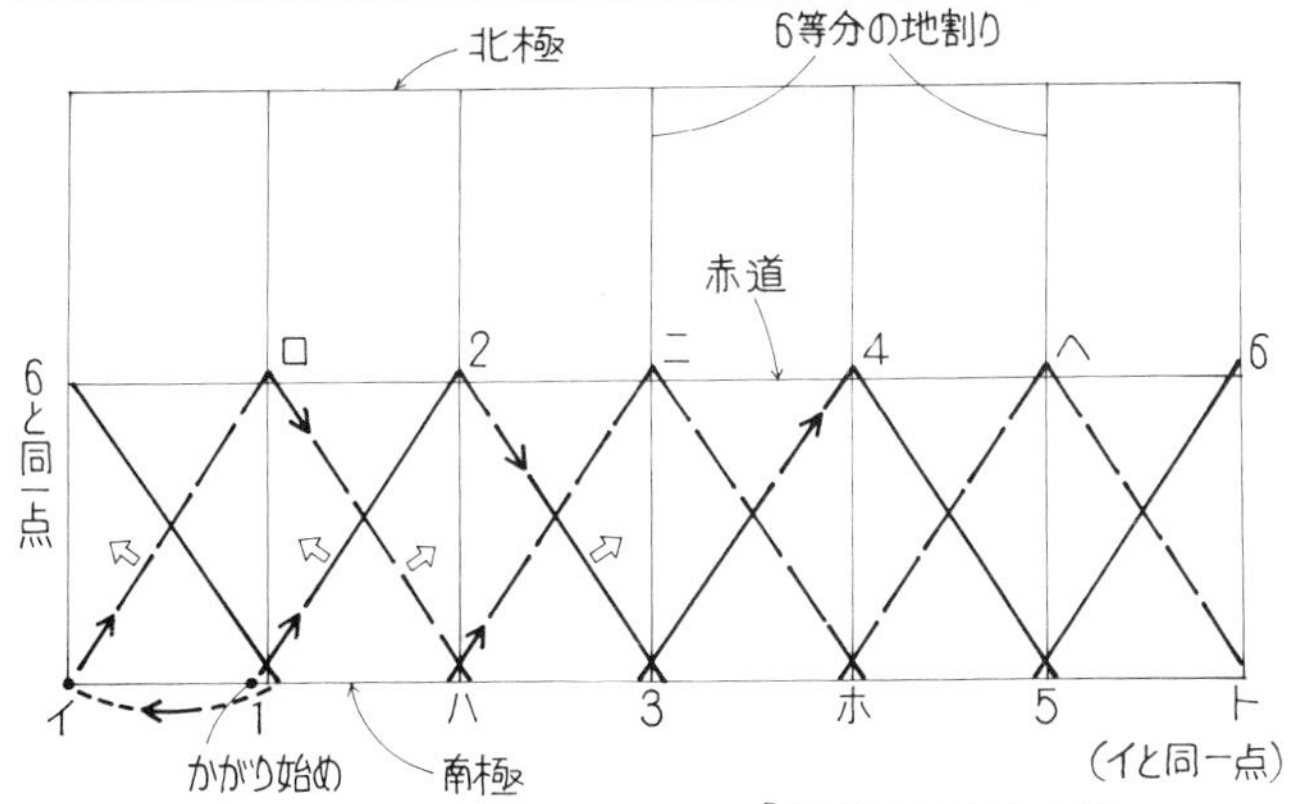
北極
6等分の地割り
赤道
6と同一点
ロ
2
ニ
4
ヘ
6
イ
1
ハ
3
ホ
5
ト
（イと同一点）
かがり始め
南極

地割り…金糸

［山形かがり
緑271を2段
〃273を3段
〃276を1段］2回 ↗

［緑276を1段
〃273を3段
〃271を2段］2回

木の幹…茶309と黒

［赤道の山形かがり
茶309を3段、129、305、127、129、305、127、305、129を各1段
茶309を3段
間に青と白を入れる

3 次は北半球を同様にかがり、交互に繰り返します。配色は緑271を2段、273を3段、276を1段かがり、これを2回繰り返し、今度は濃い順に1段、3段、2段とかがり、やはり2回繰り返します。

4 木の幹《みき》を表現するように、茶309と黒で線を入れます（カラー写真参照）。

5 赤道を中心に、2cm幅の山形かがりをします。糸は1本どりで茶309を3段、129、305、127、129、305、127、305、129を各1段、309を3段、間に青と白を入れて全体が埋まるまでかがります（27ページの山形かがりを参照）。

（田中久子）

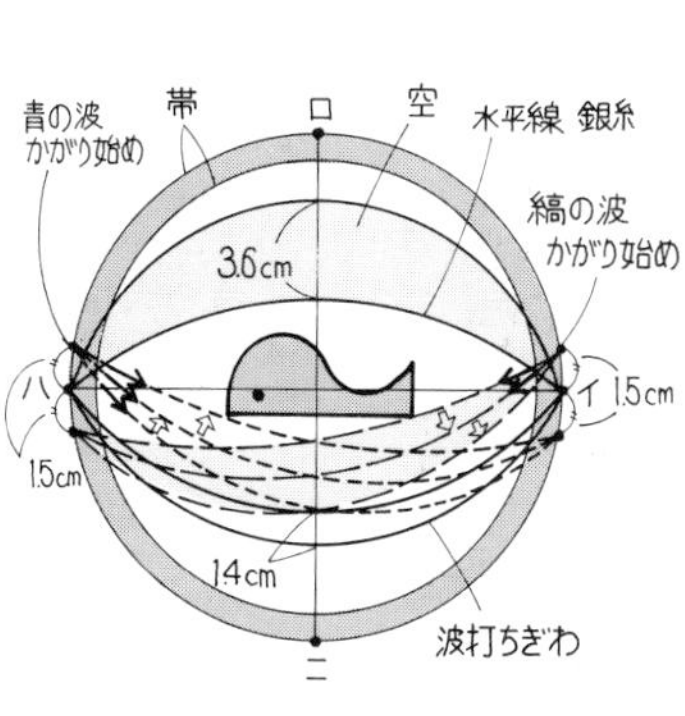
青の波
かがり始め
帯
ロ
空
水平線 銀糸
縞の波
かがり始め
3.6cm
ハ
イ
1.5cm
1.5cm
14cm
波打ちぎわ
ニ

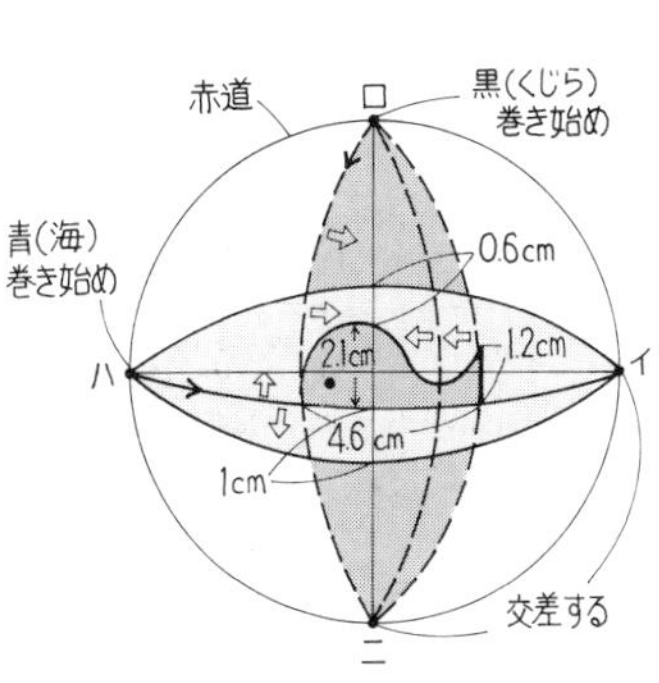
赤道
ロ
黒（くじら）
巻き始め
青（海）
巻き始め
0.6cm
1.2cm
2.1cm
4.6cm
1cm
ハ
イ
ニ
交差する

地割り…銀糸

［くじら
青164と黒

海…青164

［青い波
青166を11段 ↗

［縞の波
白3段
青164を1段
白3段］3回 ↗

［水平線…銀糸
青162を26段
白
青162］4回 ↗

［波打ちぎわ
青164
青162］5回

4 波はイ、ハ点より1.5cm上を交差点として銀糸を1cm間隔で3本ずつ巻き、銀糸の間を一方は青166で極側に向かって巻き、一方は白と青164の縞で赤道に向かって巻きます。

5 **3**の青164にそって銀糸1段を水平線として入れ、青162を2.6cm、白（6本どり）と青162（2本どり）を交互に4回巻いて、同じく波打ちぎわを青164（6本どり）と青162（3本どり）で交互に5回巻きます。

6 くじらが潮《しお》を吹いたように白でかがり、赤道に帯を0.6cm幅に巻いて銀糸で押えます。（滝本宏子）

8等分の組み合わせ

十字星

口絵カラー28ページ

土台まり／円周26cm（直径約8cm）。

地巻き糸／コスモの白い地巻き糸使用。

かがり糸／コスモ5番刺繍糸2本どり。赤（798） 黄（300） 水色（162） 黄緑（271） 青（166） ピンク（112） 金糸。

地割りとかがり方の順序

1 金糸で8等分の組み合わせの地割りをします。

2 図のようにA—Bと同寸を**イ**、**ロ**、**ハ**、**ニ**点と決め、四角①**イ**～**ニ**を赤で1段かがります。

3 残りの四角5か所を色をかえてかがります。四角②は黄、③は水色、④は黄緑、⑤は青、⑥

8等分の組み合わせ

二重四角と三角の交差

口絵カラー12ページ

土台まり／円周30cm（直径約9.5cm）。

地巻き糸／コスモの紺の地巻き糸使用。

かがり糸／コスモ5番刺繍糸2本どり。淡茶（1000） 青（166） 青ラメ糸。

地割りとかがり方の順序

1 青ラメ糸で8等分の組み合わせの地割りをします。

2 図の四角**イ**～**ニ**を淡茶と青2本どりにして6か所にかがります（淡茶が内側になる）。

3 次は三角**い**～**は**を淡茶と青2本どりにして8か所にかがります（同じく淡茶が内側になる）。

8等分の組み合わせ

連続かがり

口絵カラー3ページ

土台まり／円周28cm（直径約9cm）。

地巻き糸／コスモの青い地巻き糸使用。

かがり糸／コスモ25番刺繍糸3本どり。橙（145） 黄（143） 白（2500） 黒（600） グレー濃淡（153・2151） 赤（798） ピンク（111） 青濃中淡（216・164・162） 茶（130） 緑濃中淡（276・271・317） 金糸 しつけ糸。

地割りとかがり方の順序

1 しつけ糸で8等分の組み合わせの地割りをし、菱形4等分12か所全部の中がさらに8等分になるように地割り線を増します（点線部分）。

2 **い**点より三角6等分の中心と四角8等分の中

はピンクで各1段ずつかがります。

4 次は、四角①〜⑥をそれぞれの色で1段ずつ交互に16段でかがり埋めます。

（忠谷静子）

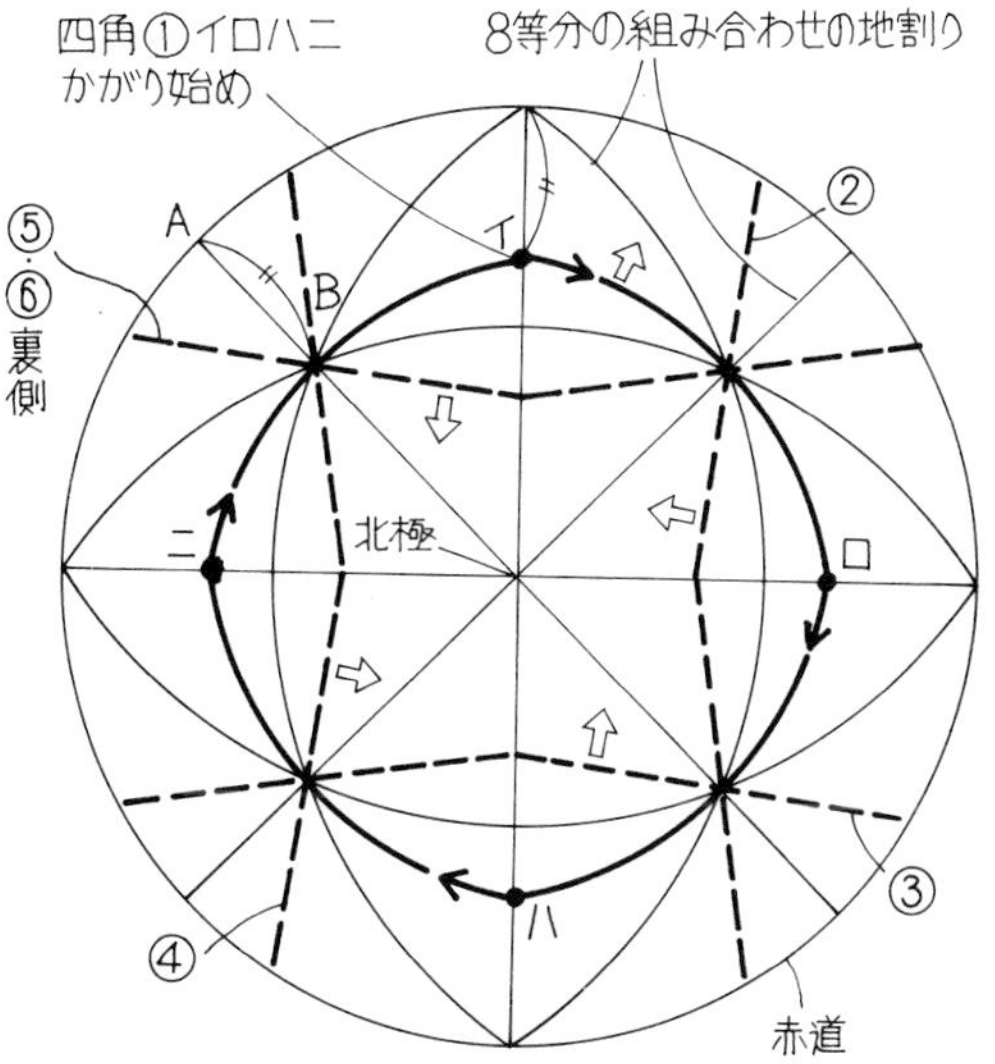

四角①イロハニ
かがり始め
8等分の組み合わせの地割り
⑤·⑥裏側
A
B
イ
②
ニ
北極
ロ
ハ
③
④
赤道

地割り…金糸
［四角①〜⑥を交互にかがる
四角①
赤16段
四角②
黄16段
四角③
水色16段
四角④
黄緑16段
四角⑤
青16段
四角⑥
ピンク16段

---

4 **2**の四角と**3**の三角を糸を交差させながら、交互に5回繰り返してかがります。

5 淡茶と青2本どりで**A**〜**D**の四角を三角**い**〜**は**と図のように互い違いになるようくぐらせながら2段かがり、最後に淡茶1本で1段かがります。

6 四角の中心の地割り糸を取ります。

（佐藤綾子）

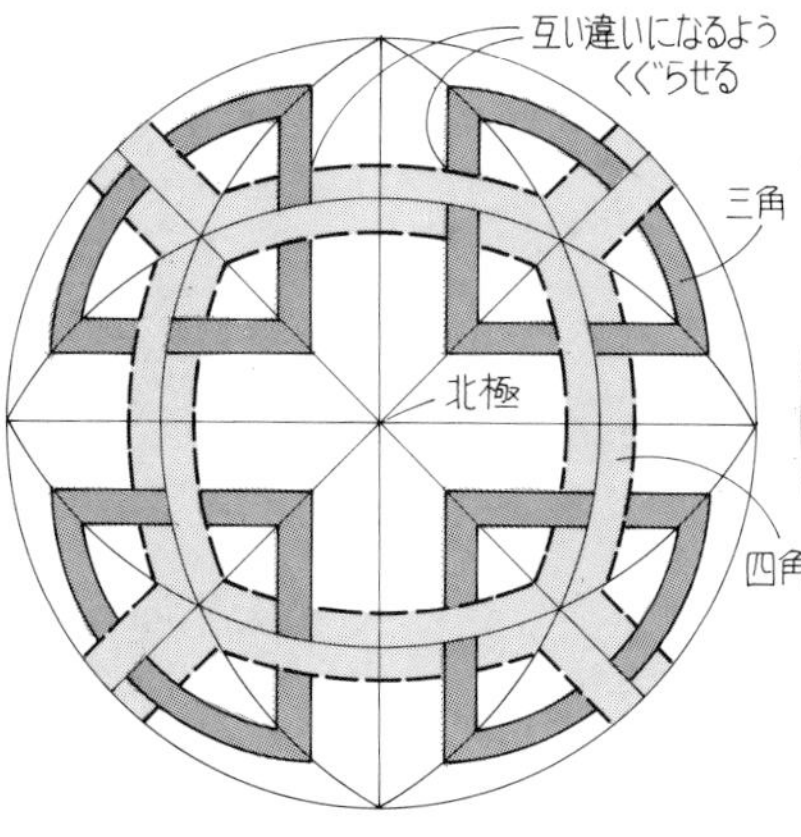

互い違いになるようくぐらせる
三角
北極
四角

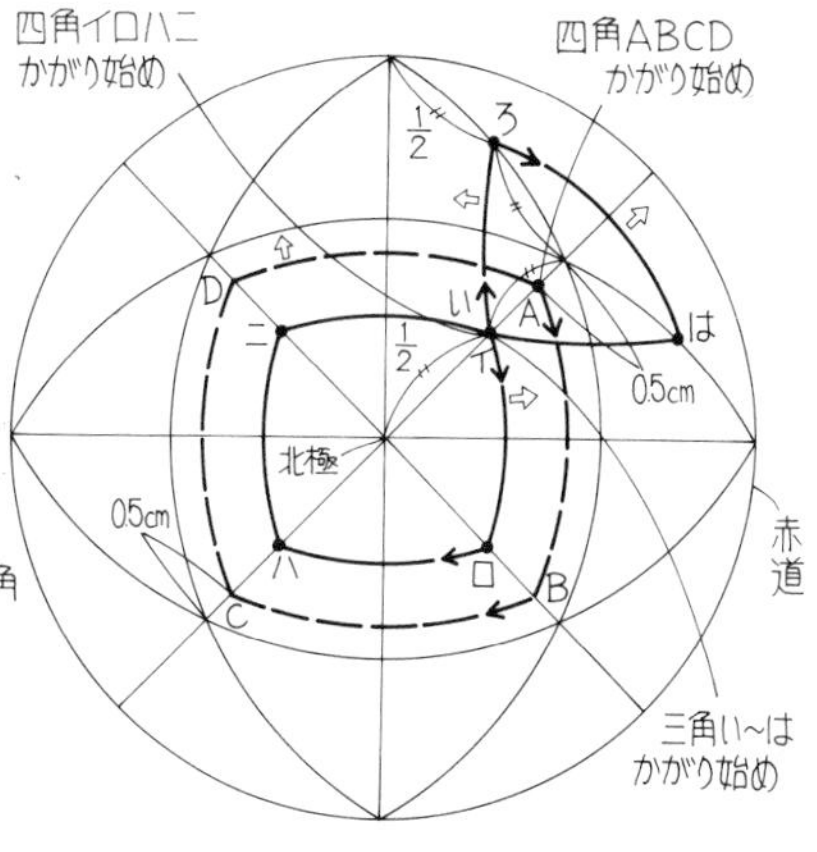

四角イロハニ
かがり始め
四角ABCD
かがり始め
ろ
1/2
D
ニ
い
A
イ
は
1/2
0.5cm
北極
0.5cm
ハ
ロ
C
B
赤道
三角い〜は
かがり始め

地割り…青ラメ糸
［淡茶と青2本どりで
四角イ〜ニ］交互に
三角い〜は］5回↗

［四角A〜D
淡茶と青2本どりで
2段
淡茶1本どりで1段

心を通りながら**ろ**—**は**—**に**…と橙1段で**い**点にもどり、次は**イ**点より**ロ**—**ハ**—**ニ**…**イ**と黒1段でかがります。

3 **A**点からは赤で、**a**点からは青216で1周します。

4 次に㋑、(い)点よりかがりますが、これを1段ずつ交互にかがります（配色は図参照）。

5 四角8等分の中心を金糸で止めて、地割りのしつけ糸を取ります。

（細川美和子）

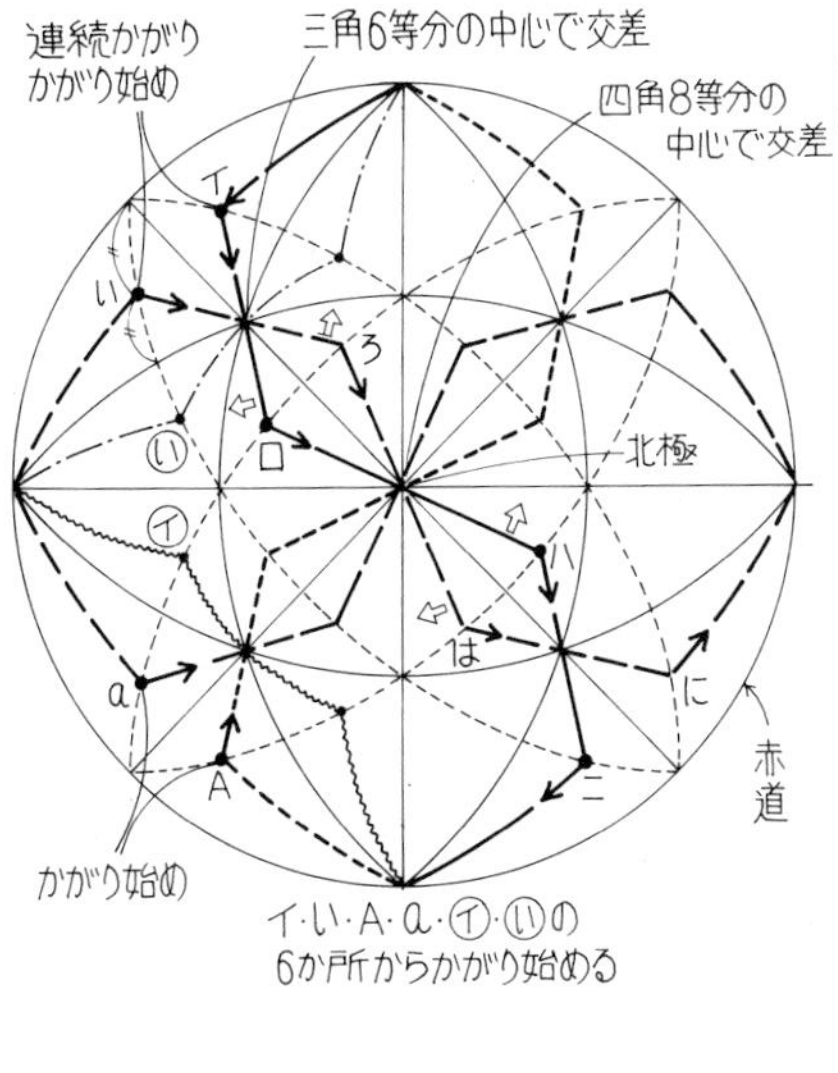

連続かがり
かがり始め
三角6等分の中心で交差
四角8等分の中心で交差
イ
い
ろ
ロ
北極
ハ
は
a
に
A
ニ
赤道
かがり始め
イ·い·A·a·㋑·(い)の
6か所からかがり始める

地割り…しつけ糸
連続かがりは6組共
1段ずつ交互にかがる

［橙
黒］交互に4回 合計8段
［黄
濃グレー］交互に3回（6段）
［白
淡グレー］交互に3回（6段）
［赤
青216］交互に4回 合計8段
［ピンク
青164］交互に3回 合計6段
［白
青162］交互に3回 合計6段
［青216
茶］交互に4回 合計8段
［青164
橙］交互に3回 合計6段
［青162
黄］交互に3回 合計6段↗

［緑276
橙］交互に4回 合計8段
［緑271
黄］交互に3回 合計6段
［緑317
白］交互に3回 合計6段
［緑276
黒］交互に4回 合計8段
［緑271
濃グレー］交互に3回
［緑317
淡グレー］交互に3回
［赤
茶］交互に4回 合計8段
［ピンク
橙］交互に3回 合計6段
［黄
白］交互に3回 合計6段

8等分の組み合わせ

白山きすげ

口絵カラー5ページ

土台まり／円周28cm（直径約9cm）。

地巻き糸／コスモの白い地巻き糸使用。

かがり糸／コスモ25番刺繍糸3本どり。オレンジ濃淡（757・753） 橙（145） 黄濃淡（300・143） 緑濃中淡（276・273・271） 金糸。

地割りとかがり方の順序

1 金糸で8等分の組み合わせの地割りをします。

2 地割りでできた三角全部の中心に待針を打ち、この待針を囲む三面に巻きかがりをします。

待針から地割り線に向かって、1段ずつ交互に濃オレンジ2段、淡オレンジ2段、橙2段、濃黄

8等分の組み合わせ

花と蝶

口絵カラー10ページ

土台まり／円周31cm（直径約10cm）。

地巻き糸／コスモの白い地巻き糸使用。

かがり糸／コスモ25番刺繍糸3本どり。ピンク（114） 緑（273） 黄濃淡（301・143） 赤（798） 黒（600） 金糸。

地割りとかがり方の順序

1 金糸で8等分の組み合わせの地割りをします。

2 図の菱形**イ～ニ**をピンク1段で12か所にかがります。

3 四角**い～に**を緑1段で6か所にかがります。

4 三角**A～C**を淡黄1段で8か所にかがります。

5 次は、**2**の菱形（ピンク）と**3**の四角（緑）と**4**

8等分の組み合わせ

かざぐるま1

口絵カラー11ページ

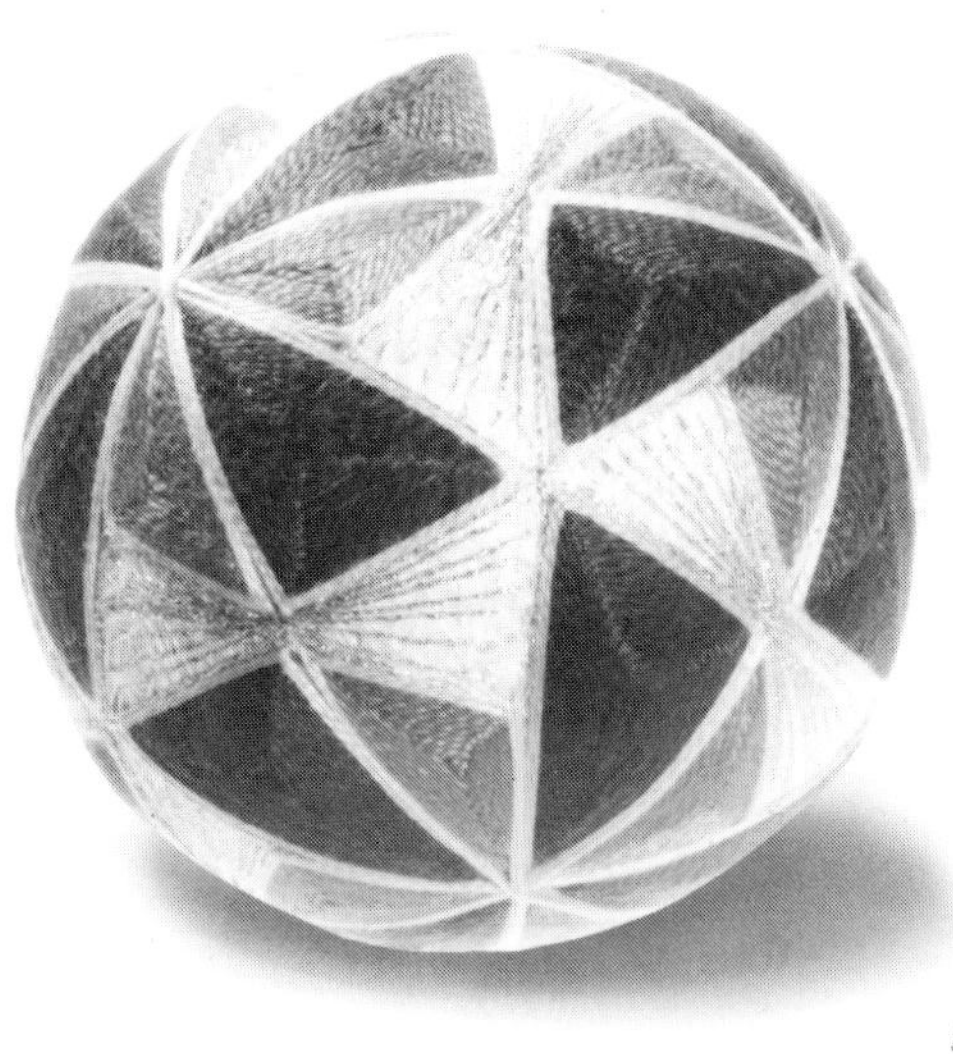

土台まり／円周35cm（直径約11cm）。

地巻き糸／コスモの白い地巻き糸使用。

かがり糸／コスモ5番刺繍糸1本どり。青（216） 水色（212） えんじ（241） ピンク（104） 金糸。

地割りとかがり方の順序

1 金糸で8等分の組み合わせの地割りをします。

2 四角8等分の中に補助線（点線部分）を入れ、さらに**A**の三角と**B**の極く小さい三角の中に、Y字形の地割りをします。

3 **A**の三角は青12段、水色2段でかがり、**B**の三角はえんじ9段、ピンク2段で、二等辺三角形に

2段、淡黄は4本どりで2段それぞれ巻きます。

3 巻きかがりの上に、三角の交差をかがります。三角8か所を交互に1段ずつ矢印方向に向かって色をぼかしながらかがります。

糸は3本どりで淡黄2段、緑271を2段、緑273を2段、緑276を2段、緑271を1段、緑276を1段でかがります。

（小出つや子）

地割り…金糸
巻きかがり
濃オレンジ2段
淡オレンジ2段
橙2段
濃黄2段
淡黄2段
三角の交差
淡黄2段
緑271を2段
緑273を2段
緑276を2段
緑271を1段
緑276を1段

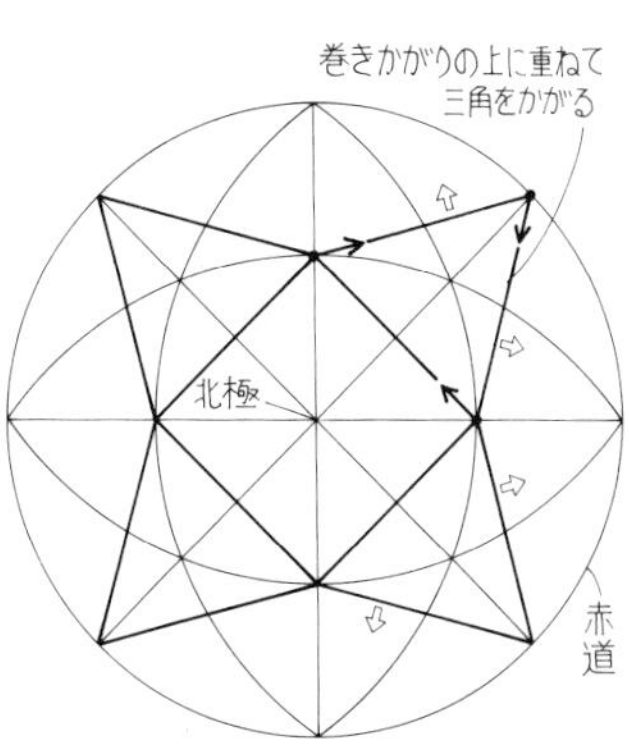

巻きかがりの上に重ねて三角をかがる
北極
赤道

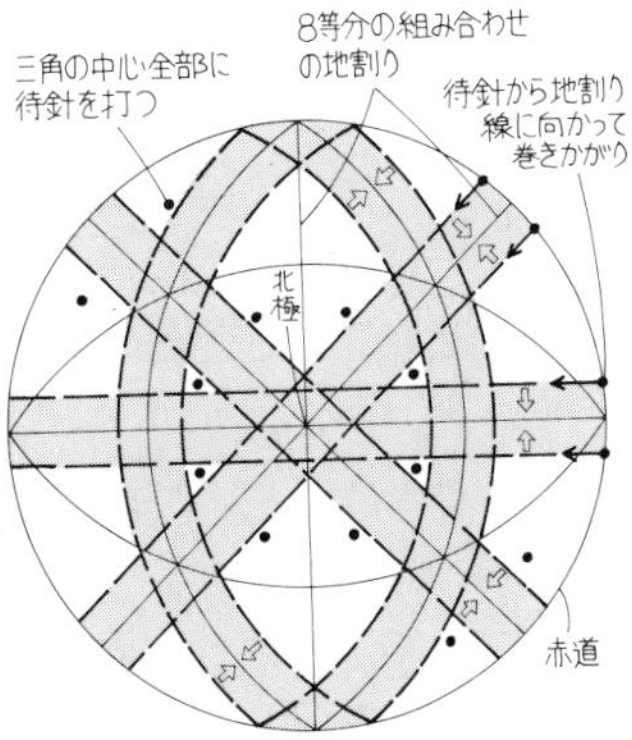

三角の中心全部に待針を打つ
8等分の組み合わせの地割り
待針から地割り線に向かって巻きかがり
北極
赤道

の三角（淡黄）を1段ずつ交互に12～13回繰り返してかがり埋めます。

それぞれ12～13段ずつかがりますが、淡黄は5段めからは濃黄でかがります。

6 ピンク（花）の中心に、赤で松葉かがりをし、黄（蝶）の中心に蝶の体を黒で刺します。

（清水洋子）

地割り…金糸
菱形イ～ニ（12か所）ピンク1段
四角い～に（6か所）緑1段
三角A～C（8か所）淡黄1段（5段めからは濃黄）
交互に12～13回
松葉かがり…赤
蝶の体…黒

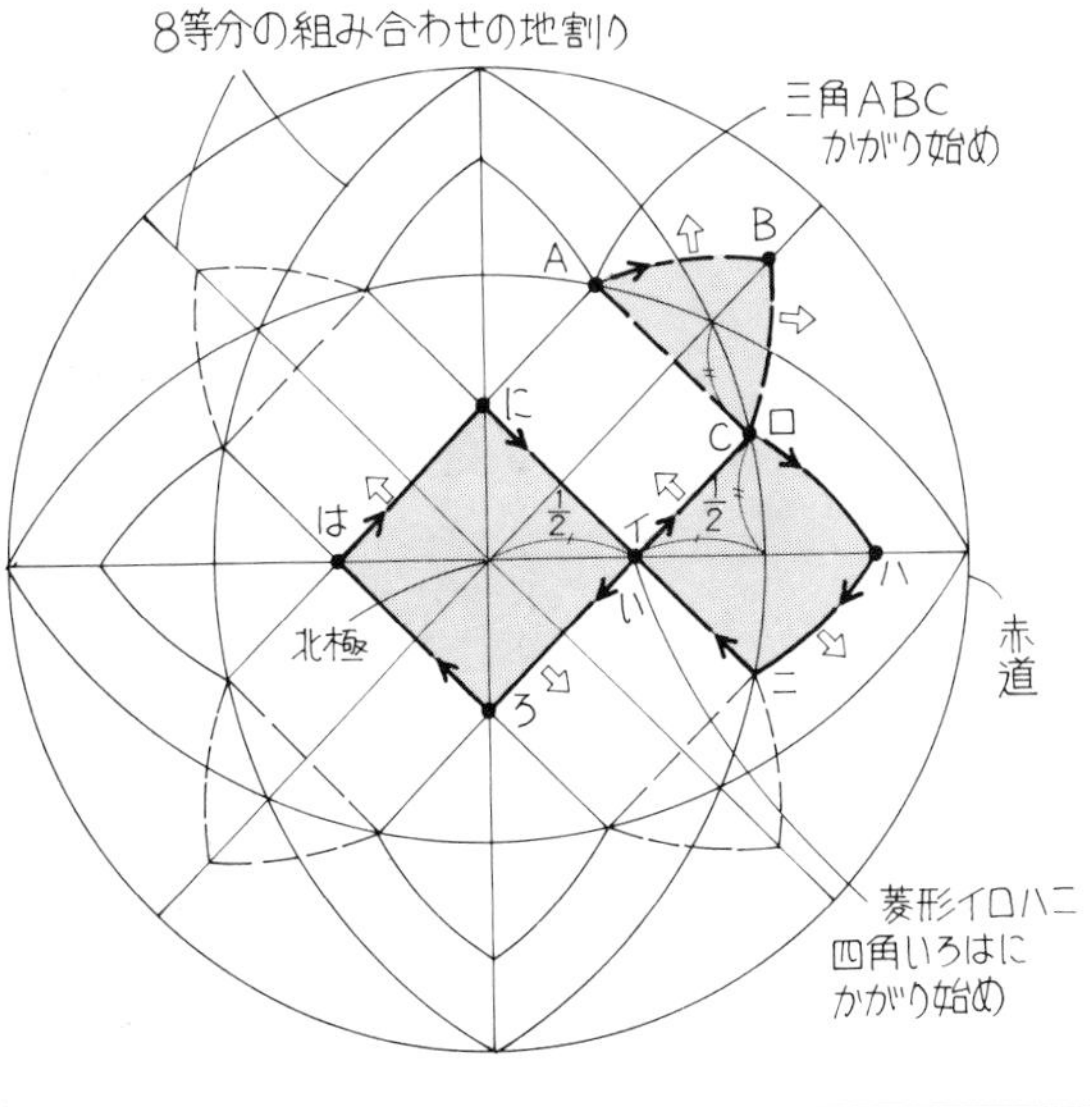

8等分の組み合わせの地割り
三角ABC かがり始め
A
B
C
ロ
ハ
ニ
イ
い
ろ
は
に
1/2
北極
赤道
菱形イロハニ 四角いろはに かがり始め

かがり埋め、かざぐるまを全部で6組かがります。

4 菱の中心（かがり残した白土台の三角）に金糸で松葉かがりをします。

（冨田　達）

地割り…金糸
かざぐるま
三角A（4か所）
青12段
水色2段
三角B（4か所）
えんじ9段
ピンク2段
松葉かがり
金糸

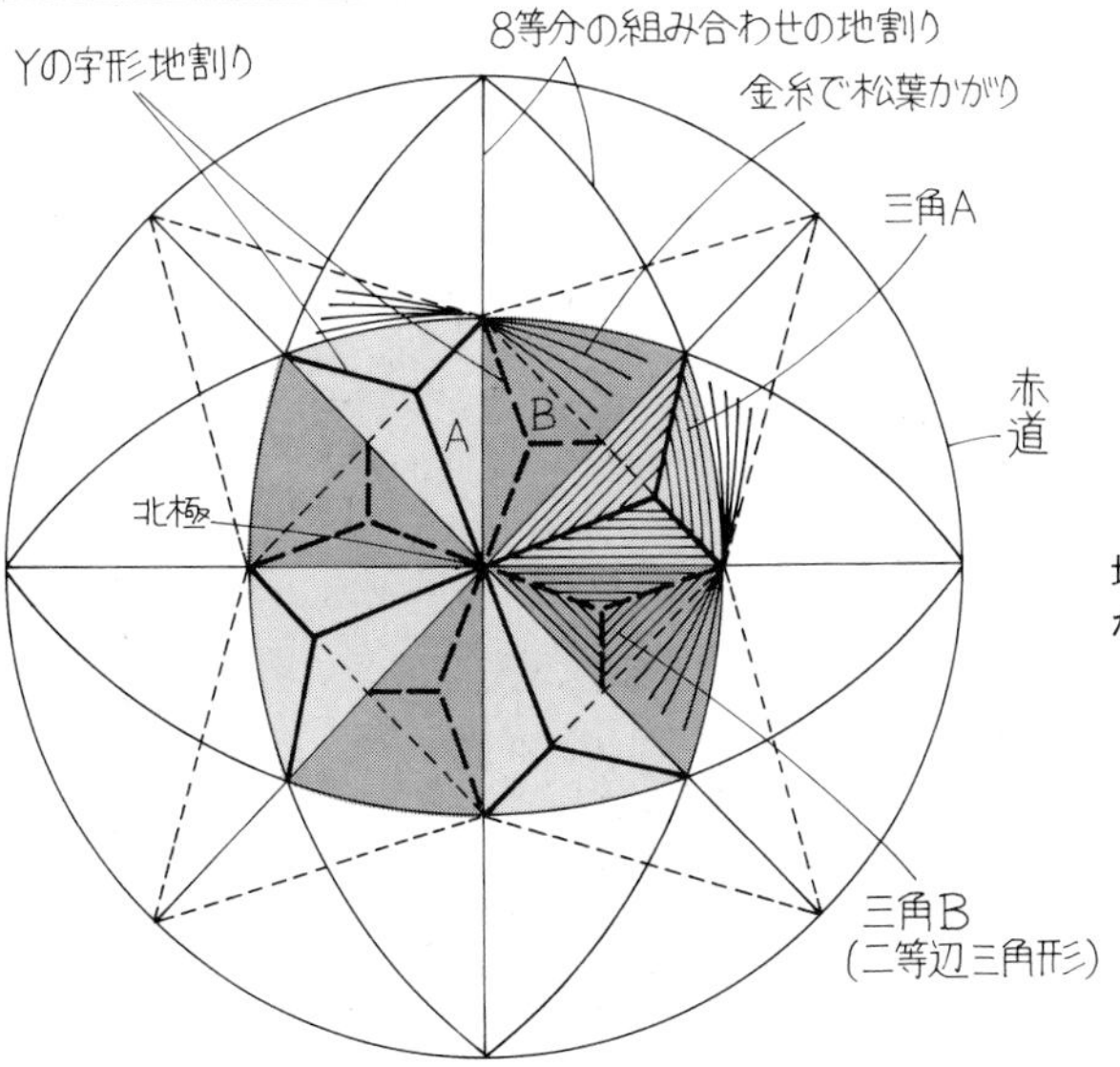

8等分の組み合わせの地割り
Yの字形地割り
金糸で松葉かがり
三角A
A
B
北極
赤道
三角B（二等辺三角形）

8等分の組み合わせ

四角と大きな三角の交差

口絵カラー7ページ

土台まり／円周31cm（直径約10cm）。

地巻き糸／コスモの白い地巻き糸使用。

かがり糸／コスモ5番刺繍糸2本どり。オレンジ（757）青濃淡（216・212）金糸。

地割りとかがり方の順序

❶ 金糸で8等分の組み合わせの地割りをします。

❷ 菱形4等分の長い線の½をA点と決めます。

❸ A点を交点として、四角**イ～ニ**と大きな三角**い～は**を、交互に1段ずつ矢印方向にかがり埋めます。

四角6か所はオレンジで10段、大きな三角8か

8等分の組み合わせ

変わり七宝

口絵カラー9ページ

土台まり／円周22cm（直径約7cm）。

地巻き糸／コスモの黒い地巻き糸使用。

かがり糸／コスモ5番刺繍糸1本どり。紫濃淡（286・283）白（2500）金糸。

地割りとかがり方の順序

❶ 金糸2本どりで8等分の組み合わせの地割りをします。

❷ 菱形4等分の中が、さらに8等分になるように金糸で地割り線を増します。

❸ 菱形の約0.5cm内側より、**イ～ニ**を淡紫7段で12か所にかがります。

8等分の組み合わせ

四角と三角のねじり

口絵カラー9ページ

土台まり／円周25cm（直径約8cm）。

地巻き糸／コスモの黒い地巻き糸使用。

かがり糸／コスモ5番刺繍糸1本どり。茶（129）グレー（153）黄（143）ピンク（112）黒（600）紫（286）緑（276）オレンジ（753）青（166）えんじ（241）金糸。

地割りとかがり方の順序

❶ 金糸で8等分の組み合わせの地割りをします。

❷ 四角8等分の外側の四角**イ～ニ**を地割りにそって三角6等分の短い線の½までかがります。

茶、グレー、黄、ピンク各2段の間に黒1段入

所は、青の濃淡を1段ずつ交互に、縞になるように10段でかがります。

（佐藤綾子）

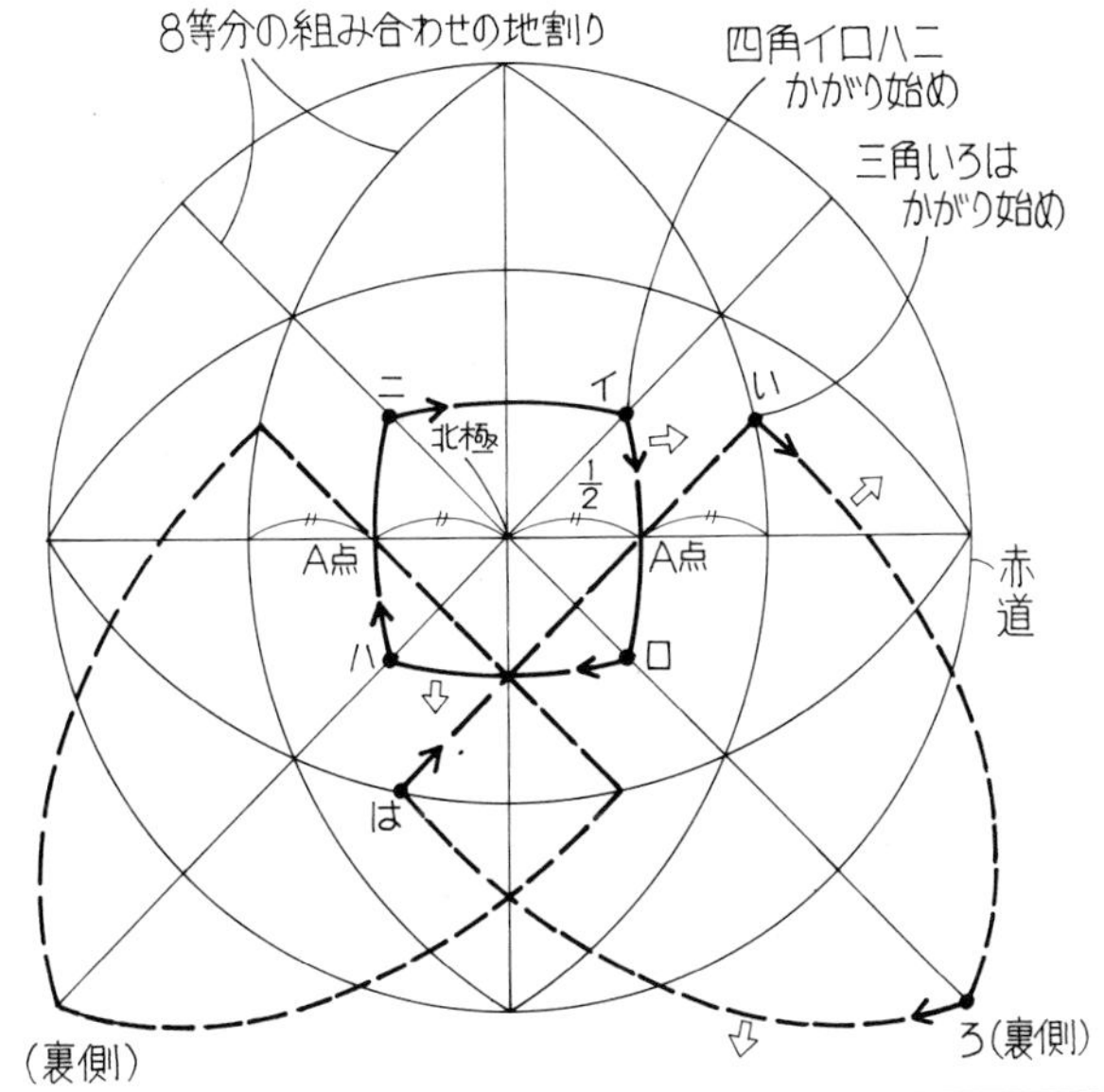

8等分の組み合わせの地割り
四角イロハニ
かがり始め
三角いろは
かがり始め
ニ
イ
い
北極
1/2
A点
A点
赤道
ハ
ロ
は
（裏側）
ろ（裏側）

地割り…金糸
四角と三角を
1段ずつ交互
にかがる

四角イ～ニ
（6か所）
オレンジ10段

三角い～は
（8か所）
濃青 淡青 交互に5回（10段）

---

4 次は、図の破線通りに連続してかがります。四角の中心で糸を交差させ、濃紫1段、白2段、濃紫1段でかがると、淡紫の◎印のところに菱形ができます。

（田原とめ子）

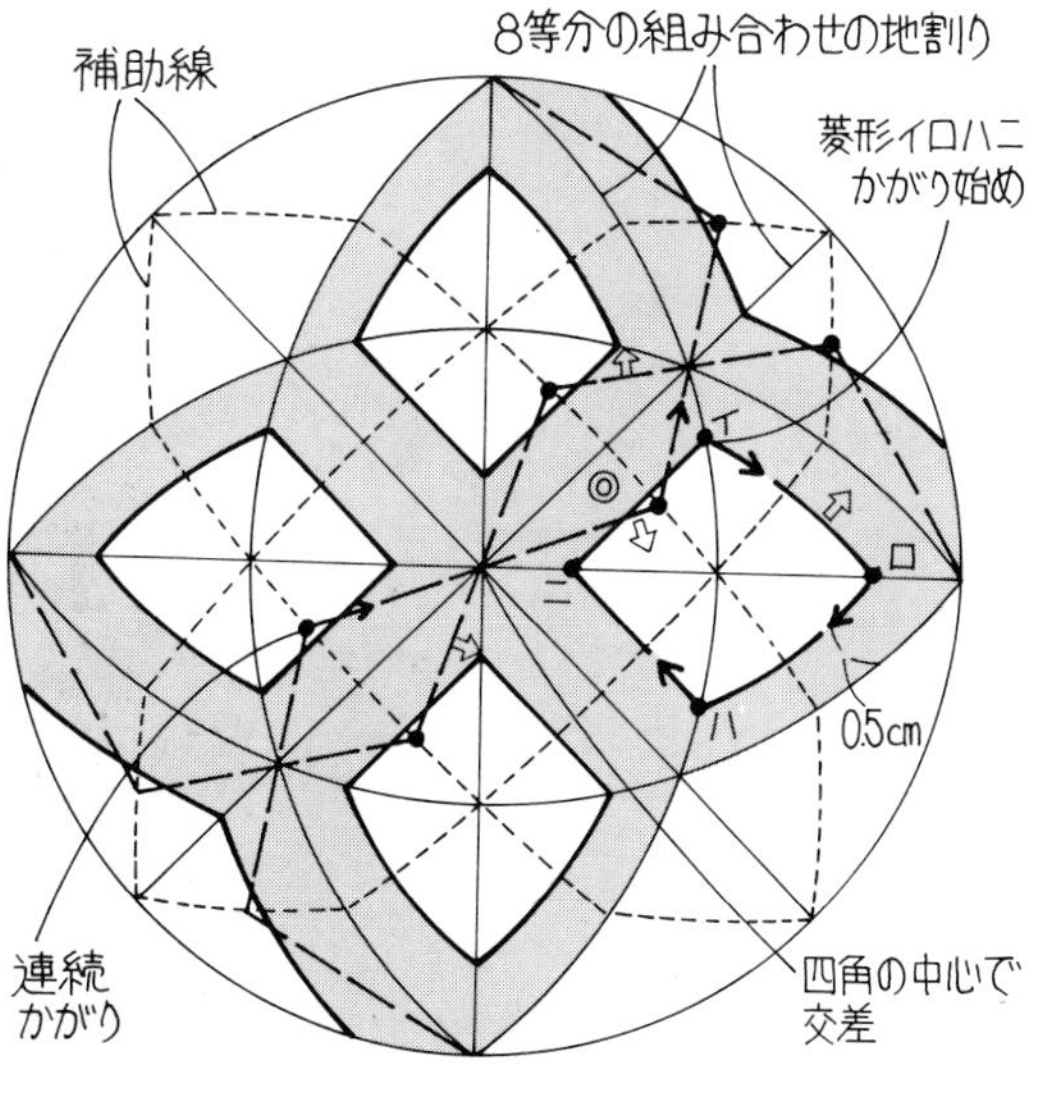

8等分の組み合わせの地割り
補助線
菱形イロハニ
かがり始め
イ
◎
ロ
ニ
ハ
0.5cm
連続
かがり
四角の中心で
交差

地割り…金糸

菱形12か所
淡紫7段

連続かがり
濃紫1段
白2段
濃紫1段

れて6か所にかがり、この四角の角《かど》を三角の中心でねじらせます。

3 次は**A―B―C**の三角を8か所にかがります。紫、黄、緑、オレンジ各2段の間に黒1段入れて**2**の四角とねじらせながら、四角の中心までかがります。

4 かがり残した白土台のところに、四角**い～に**を青、黄、えんじ、ピンク各2段の間に黒1段入れて、**3**の三角とねじらせながらかがります。

（宮本久子）

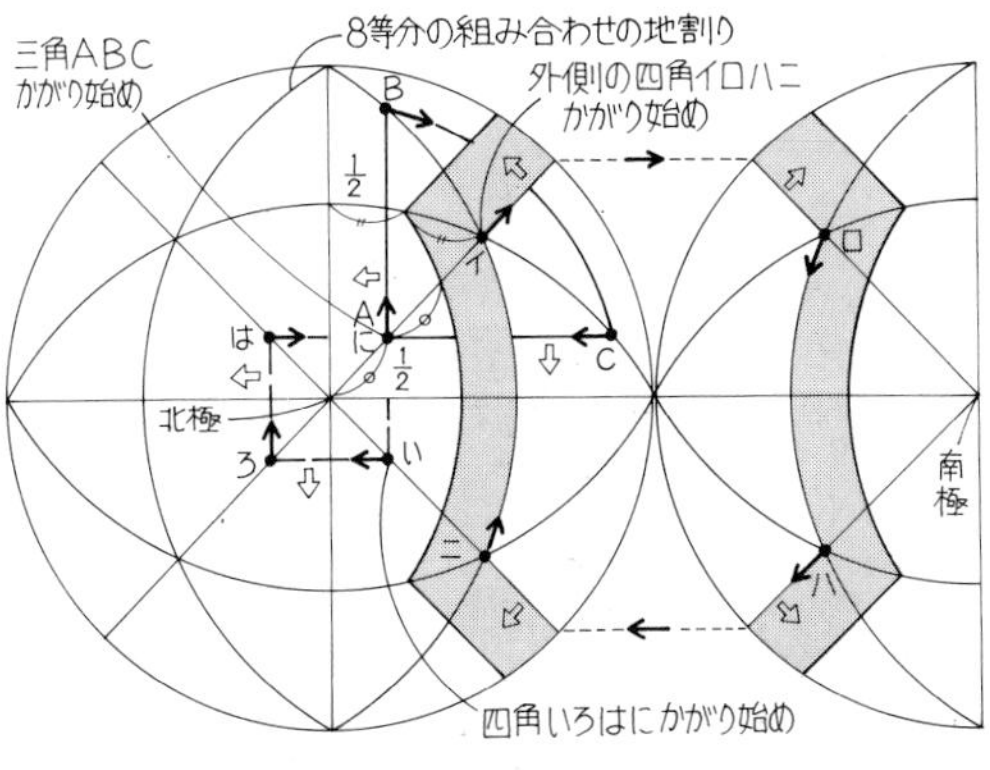

三角ABC
かがり始め
8等分の組み合わせの地割り
外側の四角イロハニ
かがり始め
B
1/2
イ
ロ
は
A
に
C
1/2
北極
ろ
い
南極
ニ
ハ
四角いろはにかがり始め

地割り…金糸

四角イ～ニ
（6か所）
茶2段・黒1段
グレー2段・黒1段
黄2段・黒1段
ピンク2段・黒1段

三角A～C
（8か所）
黒1段・紫2段
黒1段・黄2段
黒1段・緑2段
黒1段・オレンジ2段

四角い～に
黒1段・青2段
黒1段・黄2段
黒1段・えんじ2段
黒1段・ピンク2段

8等分の組み合わせ
麻の葉
口絵カラー8ページ

土台まり／円周26cm（直径約8cm）。
地巻き糸／コスモの白い地巻き糸使用。
かがり糸／コスモ5番刺繍糸1本どり。淡紫（283）淡黄（141）金茶（704）濃ピンク（2105）青（166）金糸。

地割りとかがり方の順序

❶ 金糸で8等分の組み合わせの地割りをします。

❷ 4等分の組み合わせの地割り線の両側に淡紫を1段巻いて、残りの地割りの両側には淡黄を1段巻いて2色を交互に各5段ずつ巻きます。

❸ 次は小さい三角の中に3点を決めます。

❹ まず、図の太点線のところ、4等分の組み合

8等分の組み合わせ
かざぐるま2
口絵カラー11ページ

土台まり／円周30cm（直径約9.5cm）。
地巻き糸／コスモの白い地巻き糸使用。
かがり糸／コスモ5番刺繍糸1本どり。こげ茶（2311）ピンク（114）淡茶（1000）金糸。

地割りとかがり方の順序

❶ 金糸で8等分の組み合わせの地割りをします。

❷ 四角8等分の中の長い線の$\frac{1}{2}$点より、四角**イ**～**ニ**をこげ茶2段で6か所にかがります。

❸ 4等分の組み合わせの地割り線に平行に、ピンク2本どりで（ピンクのみ2本どり）、**イ**、**ロ**を通る巻きかがりをします（他の5か所も同様）。

8等分の組み合わせ
糸菊
口絵カラー1ページ

土台まり／円周33cm（直径約10.5cm）。
地巻き糸／コスモの紺の地巻き糸使用。
かがり糸／コスモ25番刺繍糸4本どり。緑（276）黄緑（271）ピンク濃淡（2105・112）紫濃淡（286・283）金糸。

地割りとかがり方の順序

❶ 金糸で8等分の組み合わせの地割りをします。

❷ 大きな三角4か所に、三角6等分を中心にして三つ羽根亀甲をかがります。

緑（3本どり）2段、黄緑（3本どり）6段、緑2段でかがりますが、1段ずつ交互にかがり、羽根

わせの地割り線の両側（淡紫の巻きかがり）を金茶3段で千鳥かがりをします（菱形の中心と四角の中心で交差する）。

5 太線のところ（淡黄の巻きかがりの両側）を濃ピンクで3段かがります（三角と菱の中心で交差）。

6 太破線のところを青で5段かがります（三角と四角の中心で交差）。

（宮本久子）

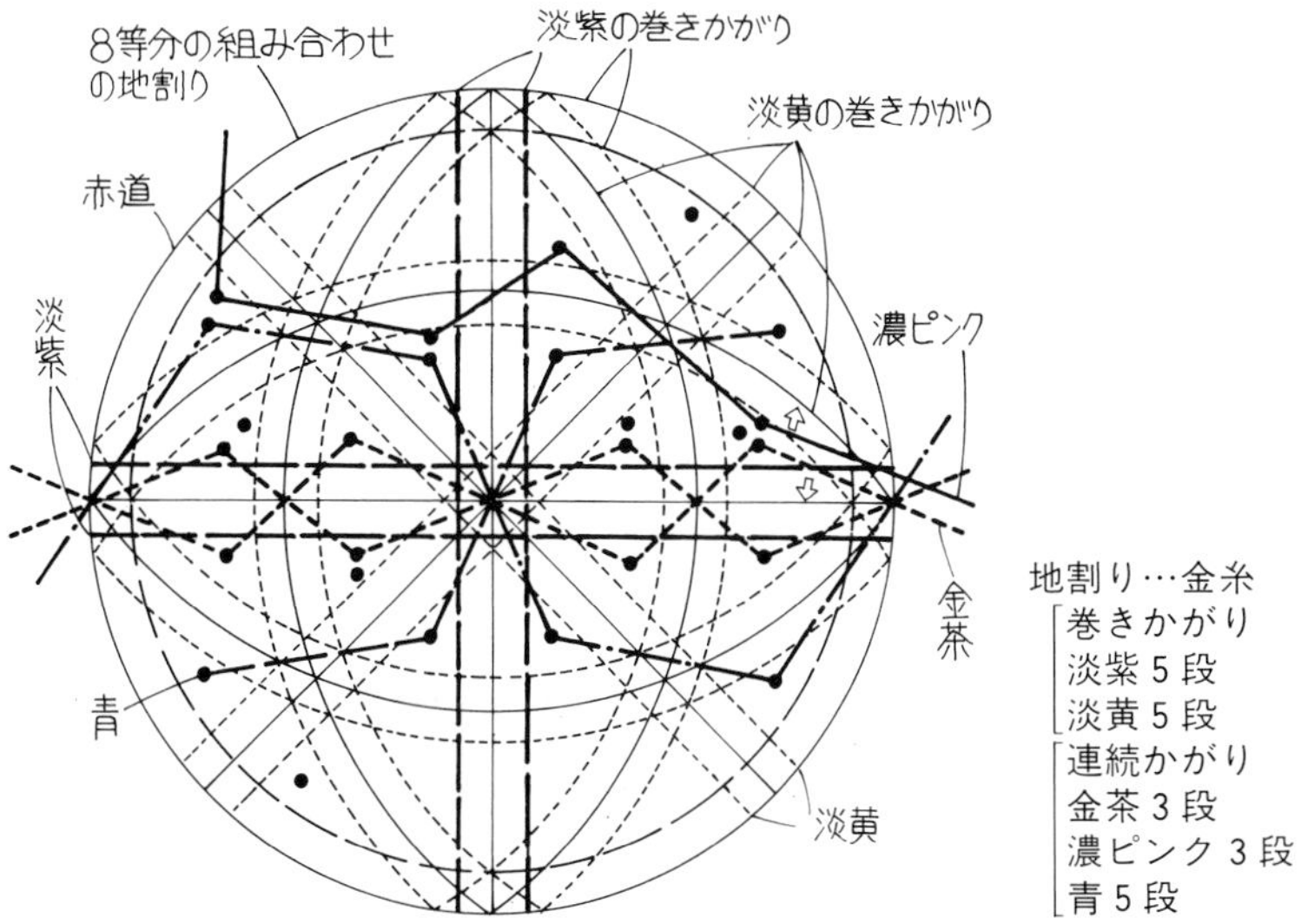

4 次は、**2**の四角と**3**の巻きかがりを交互にかがりますが、四角はこげ茶と淡茶を交互にかかり、**3**の巻きかがりは羽根にならない部分を四角の下にくぐらせます。

交互に10回繰り返したあと、四角を淡茶、こげ茶各1段かがってでき上がりです。

（飯盛宏子）

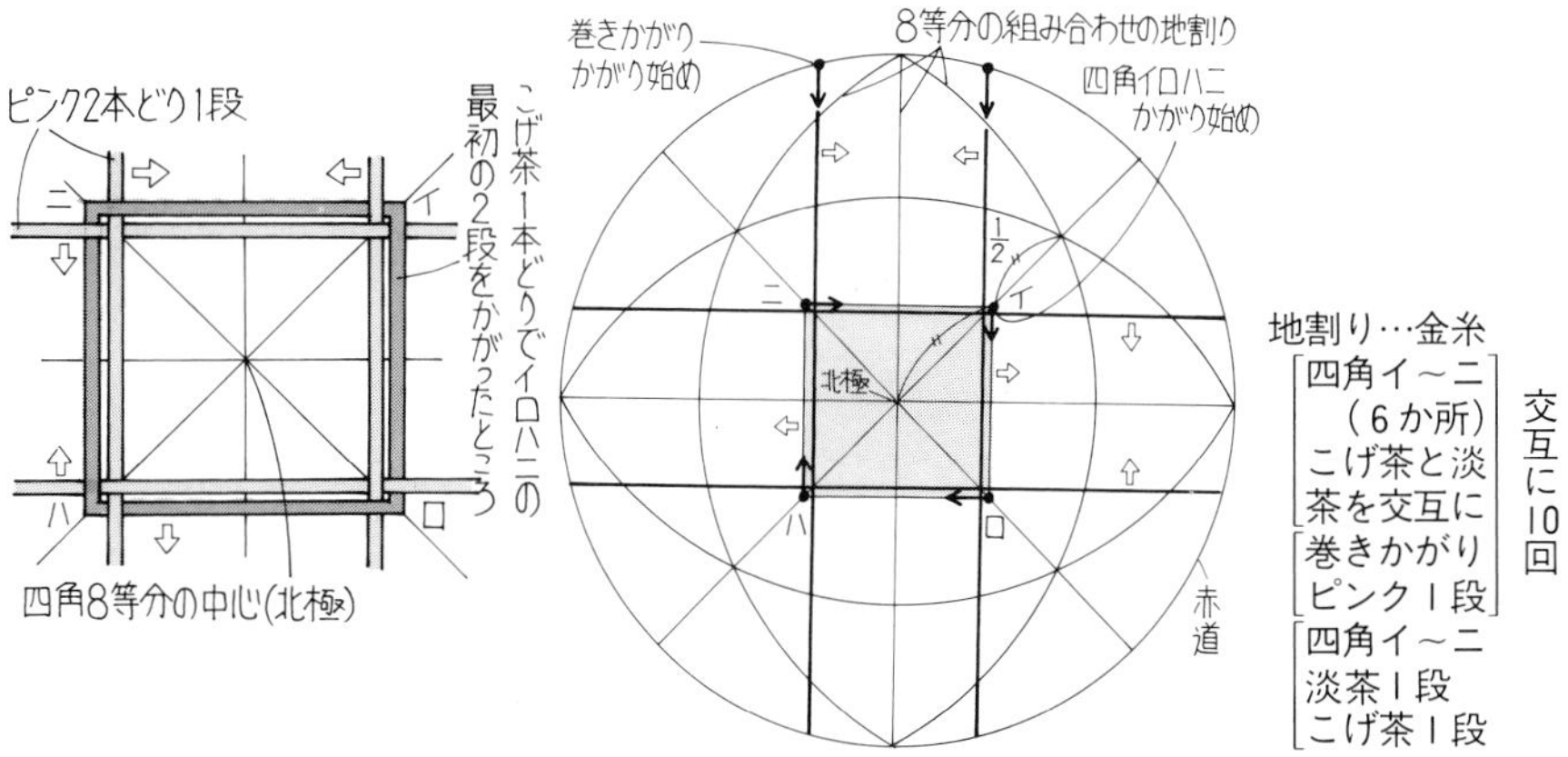

の先端を隣の羽根と交差させます。

3 三つ羽根亀甲の中心を通り、濃ピンクで地割りの両側とその間に2本ずつ松葉かがりをします。

4 淡ピンクで、**3**の松葉かがりの両端に1本ずつ、間に2本ずつ松葉かがりをします。

5 濃ピンクで淡ピンク2本をすくって千鳥かがりで1周し、淡ピンクで濃ピンク2本すくって千鳥かがりをし、かがり残した紺土台の4か所に緑で小さい松葉かがりをします。

（尾崎文子）

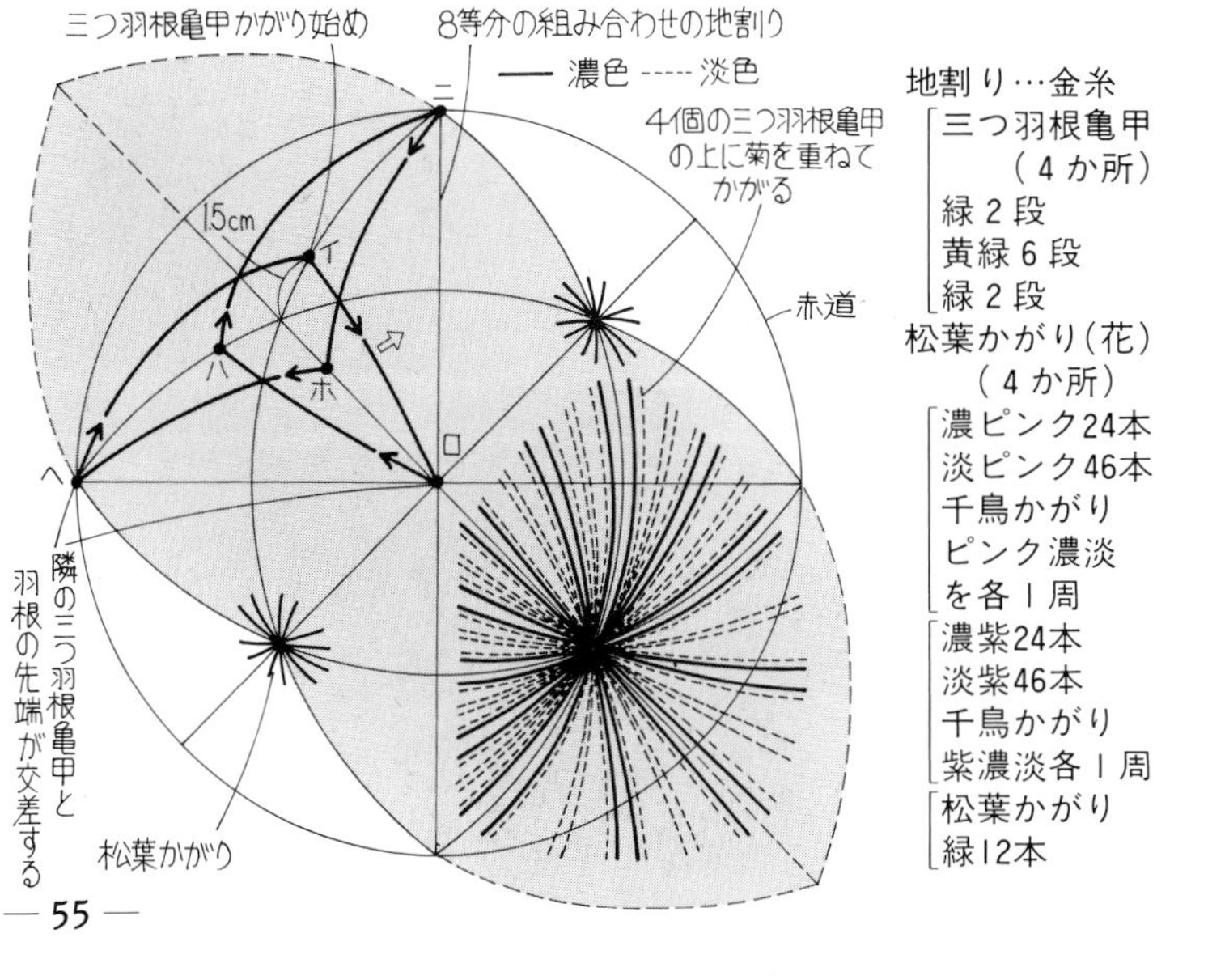

10等分の組み合わせ

花友禅

口絵カラー5ページ

土台まり／円周31cm（直径約10cm）。

地巻き糸／コスモの白い地巻き糸使用。

かがり糸／コスモ25番刺繍糸3本どり。ピンク濃淡（114・112・104・111・102）青濃淡（166・162）金糸。

地割りとかがり方の順序

❶ 金糸で10等分の組み合わせの地割りをします。

❷ 五角10等分の短い線の½を結ぶ五角**イ**～**ホ**のさらに½点を結ぶ小さい五角**い**～**ほ**を、淡青2段で12か所にかがります。

三角6等分の中にできた六角の½点を結ぶ**A**～**F**の六角を、淡青2段で20か所にかがります。

10等分の組み合わせ

万華鏡

口絵カラー9ページ

土台まり／円周31cm（直径約10cm）。

地巻き糸／コスモの白い地巻き糸使用。

かがり糸／コスモ5番刺繍糸1本どり。黄緑（271）えんじ（241）ピンク（114）金糸。

地割りとかがり方の順序

❶ 金糸で10等分の組み合わせの地割りをします。

❷ 五角10等分の中の三角の中心に待針を打ち、この待針の外側を通る**イ**～**ホ**の五角（全部で12か所）を黄緑で2段かがります。

❸ 次は待針の外側を通る**い**～**に**の菱形（全部で30か所）をえんじで2段かがります。

10等分の組み合わせ

さつき

カバー表

土台まり／円周26cm（直径約8cm）。

地巻き糸／コスモの白い地巻き糸使用。

かがり糸／コスモ5番刺繍糸1本どり。赤（798）朱（342）白（2500）金糸 しつけ糸。

地割りとかがり方の順序

❶ しつけ糸で10等分の組み合わせの地割りをします。

❷ 金糸で五角10等分の短い線を結んで地割りをし（点線部分）、それぞれの小さい三角の中心に待針を打ってしつけ糸を取ります。

❸ 待針の外側を金糸に向かって両端から巻きかがりをします。

3 大きい三角①―②―③を20か所に、ピンク114で1段かがります。

4 次は、**2**の五角い～ほと六角A～Fと**3**の三角①～③を交互にかがって埋めます。

―かがる順序と配色は図参照―

（高原曄子）

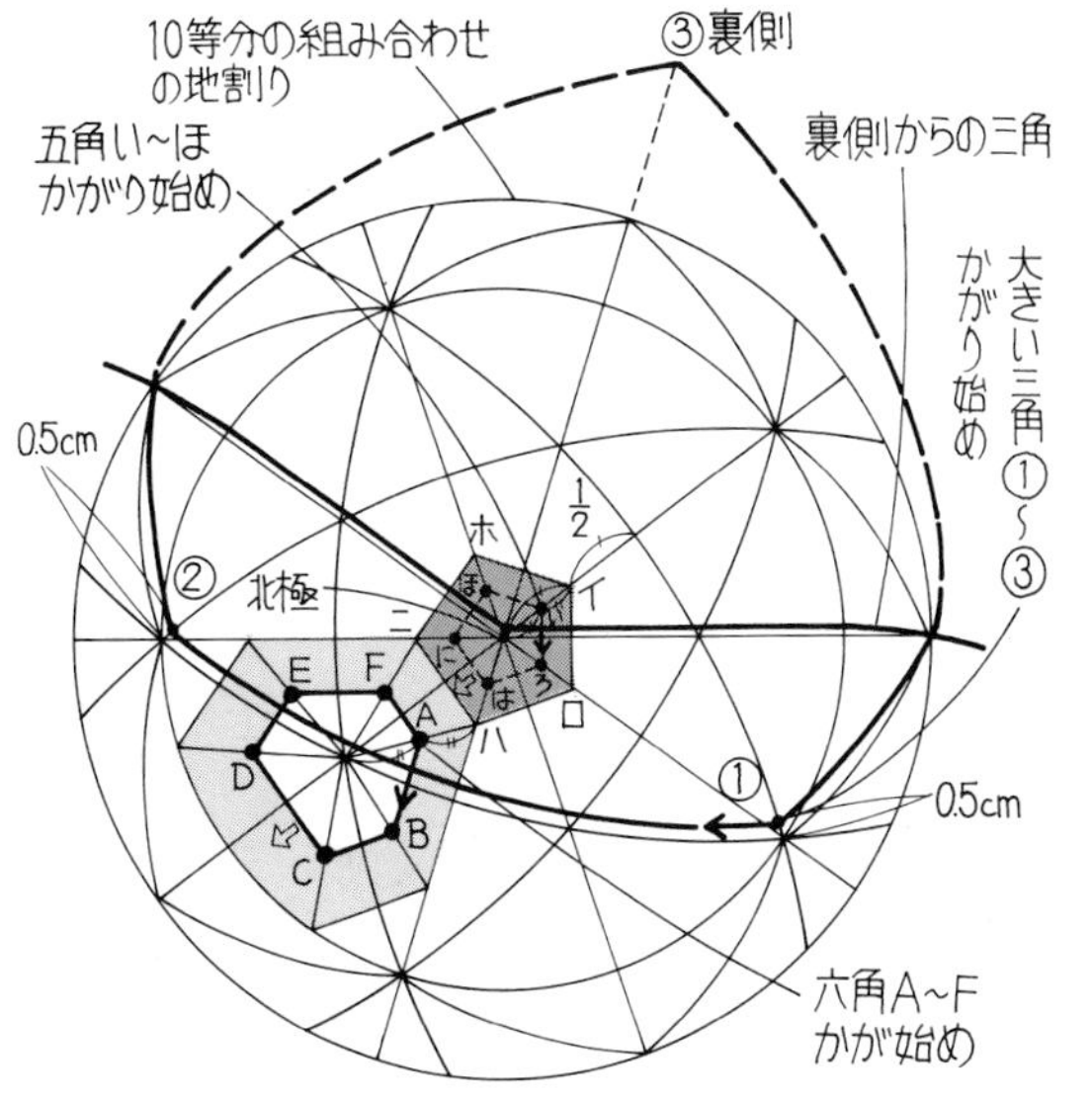
10等分の組み合わせの地割り
③裏側
五角い~ほかがり始め
裏側からの三角
大きい三角①~③かがり始め
0.5cm
②
北極
1/2
ホ
イ
ロ
ハ
ニ
A
B
C
D
E
F
①
0.5cm
六角A~Fかがり始め

地割り…金糸
- かがり方順序
- 五角と六角＝○
- 三角＝△
- ○淡青2段
- △ピンク114を1段
- ○濃青1段
- △ピンク112を1段
- ○淡青1段
- △ピンク104を1段
- ○濃青1段
- △ピンク111を1段
- ○濃青1段
- △ピンク102を1段
- ○淡青3段

4 **2**の五角を黄緑で2段、**3**の菱形をえんじで2段、再び五角を黄緑で2段かがります。

5 図のA点よりB―C―D―Eの順に、星かがりをピンクで4段、えんじで2段かがります。

（古井敏子）

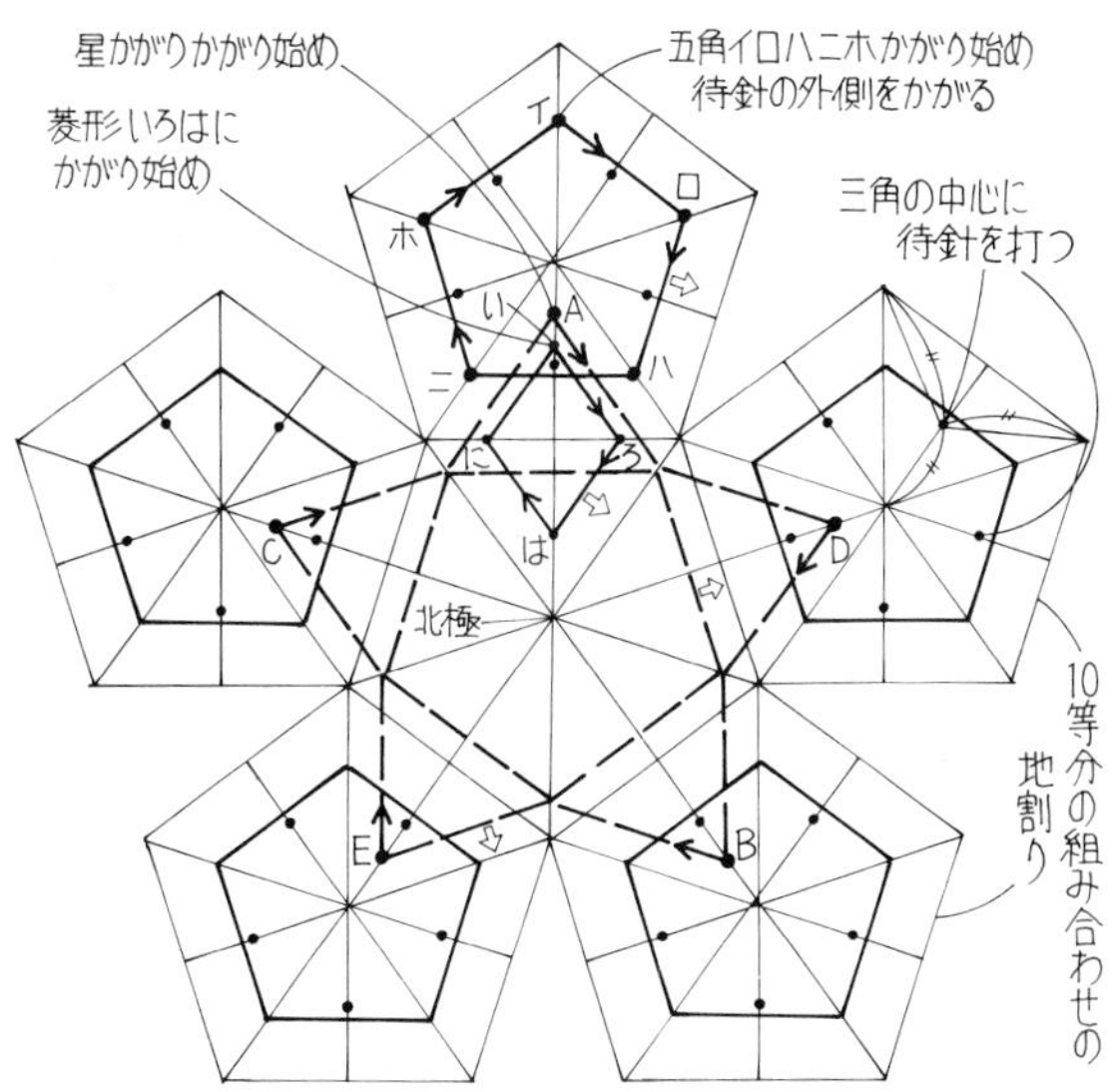
星かがりかがり始め
五角イロハニホかがり始め
待針の外側をかがる
菱形いろはにかがり始め
三角の中心に待針を打つ
イ
ロ
ハ
ニ
ホ
い
ろ
は
に
A
B
C
D
E
北極
10等分の組み合わせの地割り

地割り…金糸
- 五角12か所
- 黄緑6段
- 菱形30か所
- えんじ4段
- 星かがり
- ピンク4段
- えんじ2段

朱（4か所）、白（4か所）、朱と白交互に（4か所）、各2本巻きます。

さらに待針の外側を通る大きな五角12か所を、赤で各1段かがります。

4 **3**の巻きかがり（各2段）と五角（各1段）を交互に矢印方向にかがり埋めます。

（山本敏子）

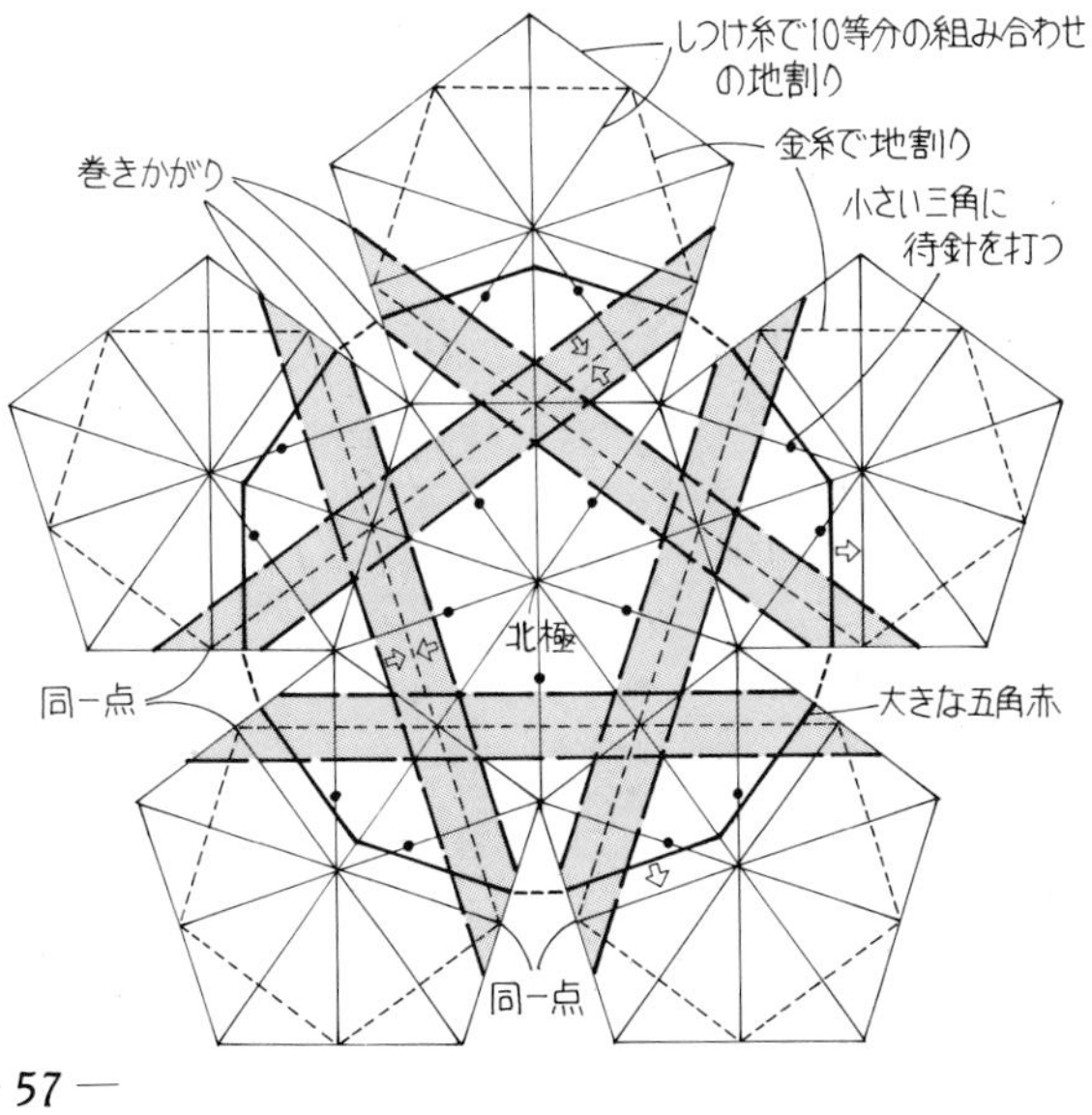
しつけ糸で10等分の組み合わせの地割り
金糸で地割り
小さい三角に待針を打つ
巻きかがり
北極
同一点
大きな五角赤
同一点

地割り…しつけ糸
- 巻きかがり（12か所）
- 朱14本
- 白14本
- 朱と白交互に14本
- 大きな五角（12か所）
- 赤7段

10等分の組み合わせ
星（五角の交差）

口絵カラー28ページ

土台まり／円周22cm（直径約7cm）。
地巻き糸／コスモの白い地巻き糸使用。
かがり糸／コスモ25番刺繍糸3本どり。青（166）黄（300）ピンク（104）オレンジ（757）水色（162）緑（273）金糸。

地割りとかがり方の順序

❶ 金糸で10等分の組み合わせの地割りをします。

❷ 図のように**A**—**B**と同寸を**イ**、**ロ**、**ハ**、**ニ**、**ホ**点と決め、五角**イ**～**ホ**を青で1段かがります。
今かがった五角の裏側にも青で1段かがります。

❸ 表と裏側の2か所ずつを同色にして、五角12

10等分の組み合わせ
菱形遊び1

口絵カラー3ページ

土台まり／円周23cm（直径約7cm）。
地巻き糸　コスモの紺の地巻き糸使用。
かがり糸／コスモ5番刺繍糸1本どり。白（2500）濃オレンジ（757）青緑（900）淡茶（305）黒ラメ糸。

地割りとかがり方の順序

❶ 黒ラメ糸で10等分の組み合わせの地割りをします。

❷ 両極を中心にして図の**イ**—**ロ**—**ハ**—**ニ**の図形を白で1段かがります（北半球に5個、南半球に5個、合計10個）。

❸ 赤道の位置で、❷の図形の下に**A**—**B**—**C**—

10等分の組み合わせ
キーホルダー

口絵カラー16ページ

土台まり／円周32cm（直径約10cm）。
地巻き糸／コスモの白い地巻き糸使用。
かがり糸／コスモ5番刺繍糸1本どり。青（164）えんじ（241）橙（145）緑（273）紫（283）黄（143）金糸。

地割りとかがり方の順序

❶ 金糸で10等分の組み合わせの地割りをします。

❷ 三角6等分の中心を通りながら、**イ**～**ホ**の五角を三角6等分の短い線の約$\frac{1}{2}$まで、青で16段かがります。
裏側にも同じ五角を青で16段かがります。

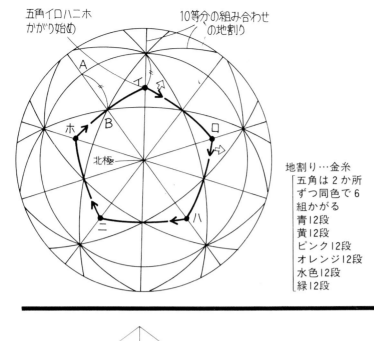

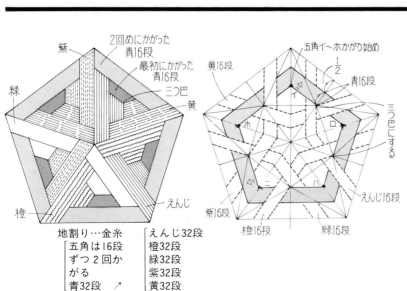

か所を1段ずつ交互に12段でかがり埋めます。
（高原曄子）

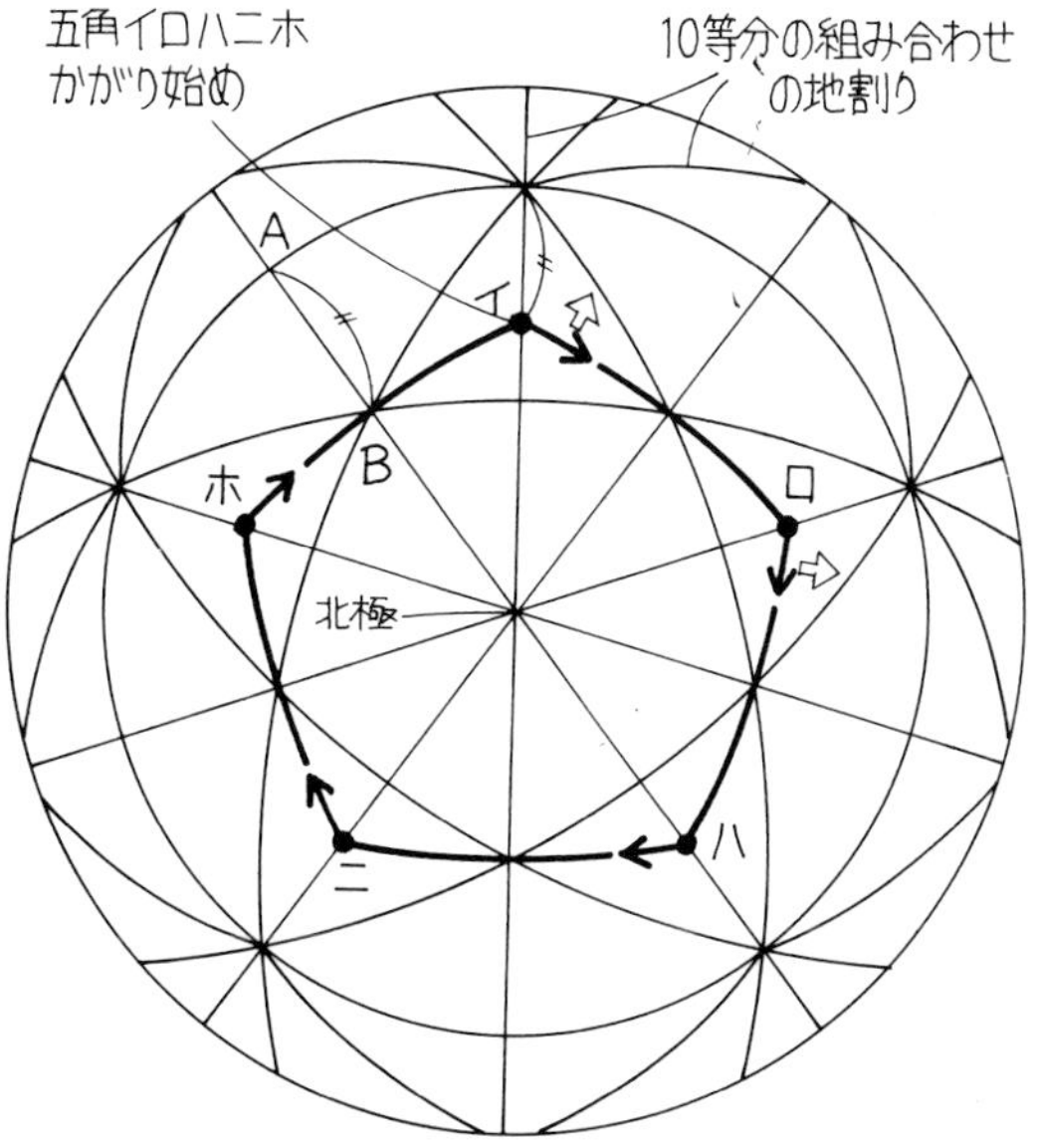

五角イロハニホ
かがり始め
10等分の組み合わせ
の地割り
A
B
イ
ロ
ハ
ニ
ホ
北極

地割り…金糸
五角は2か所ずつ同色で6組かがる
青12段
黄12段
ピンク12段
オレンジ12段
水色12段
緑12段

D（イ～ニと同形）を10個かがります。

4 次は、**イ～ニ**と**A～D**を1段ずつ交互に、紺土台が0.7cm幅で菱の周囲に残るようにかがります。前段にそって白1段、濃オレンジ2段、青緑2段、淡茶1段かがります。
（敷野美代子）

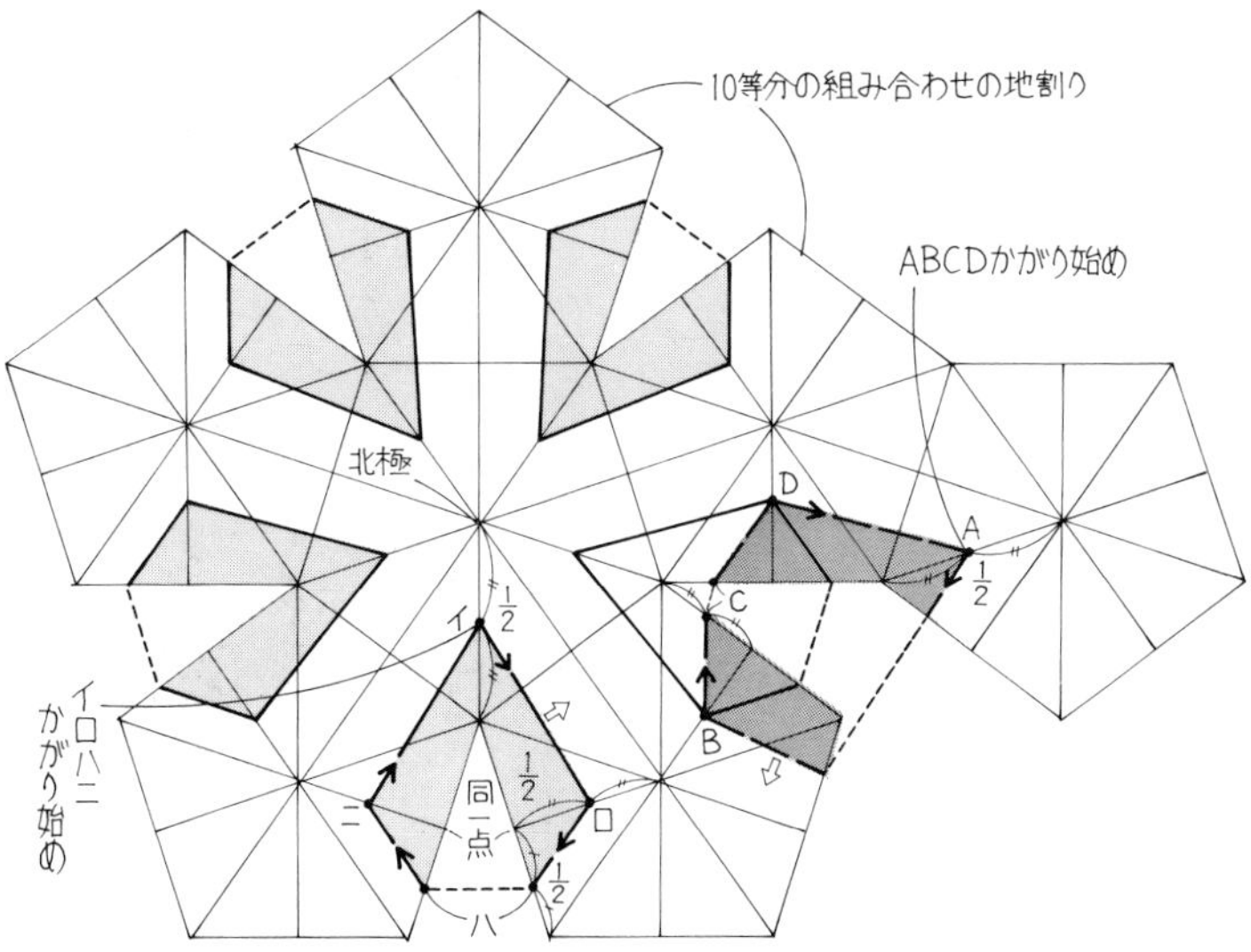

10等分の組み合わせの地割り
ABCDかがり始め
北極
イロハニ
かがり始め
イ
ロ
ハ
ニ
A
B
C
D
同一点
1/2

地割り…黒ラメ糸
図形イ～ニとA～Dは1段ずつ交互にかがる
白2段
濃オレンジ2段
青緑2段
淡茶2段

3 同じように表と裏側の2か所ずつを同色にして6色で五角を12か所にかがりますが、三角の中心が三つ巴になるようにします（38ページ参照）。

4 16段ずつかがり終えたら、残り半分（16段）を先にかがった五角と関係なく青の外には青で五角を16段かがり、他の5色も同じ要領でかがります。
（デザイン／滝本宏子　製作／竹林シズエ）

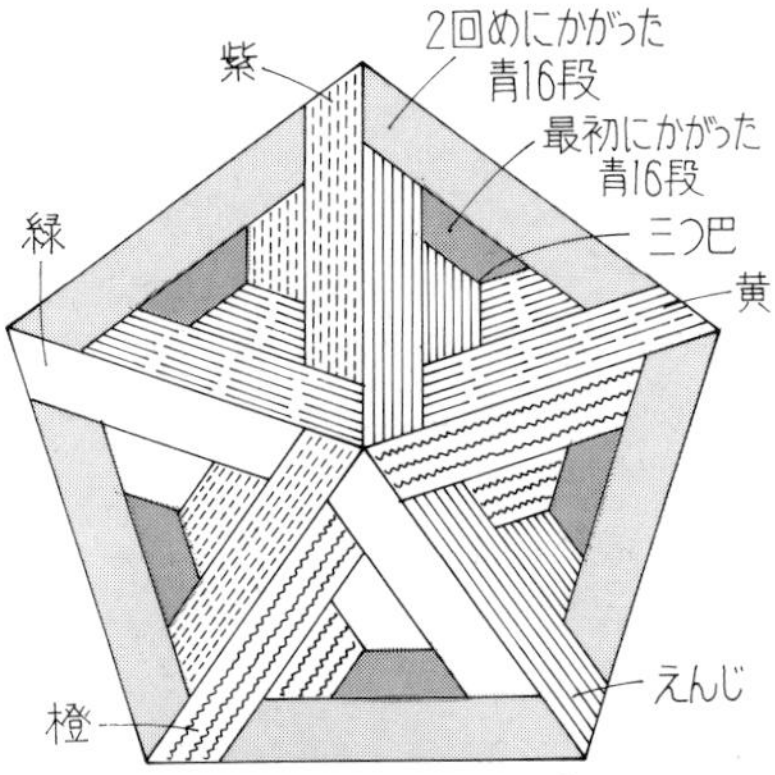

紫
2回めにかがった
青16段
最初にかがった
青16段
三つ巴
緑
黄
橙
えんじ

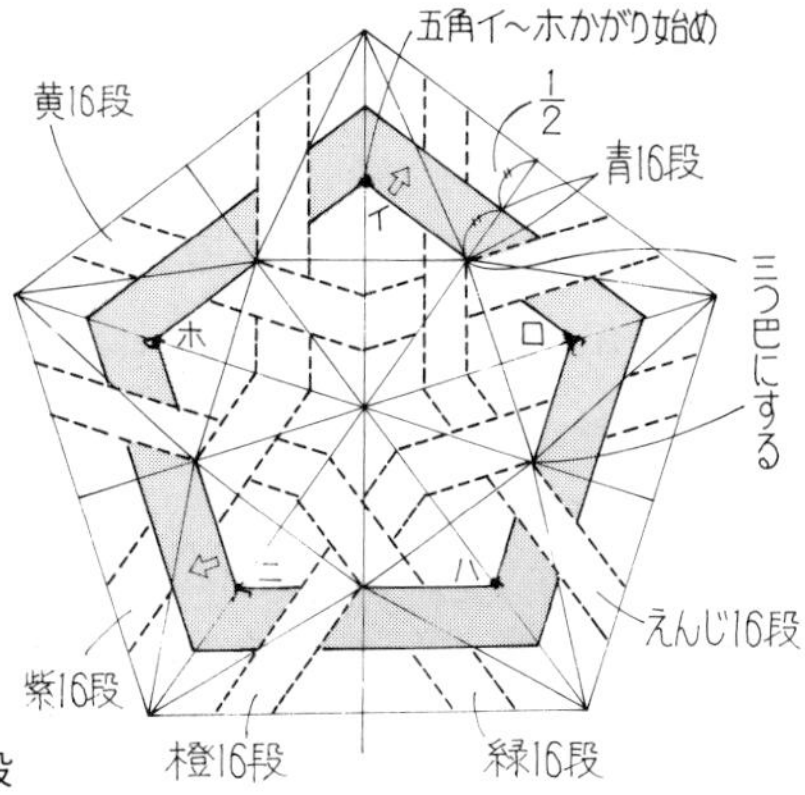

五角イ～ホかがり始め
黄16段
1/2
青16段
三つ巴にする
えんじ16段
紫16段
橙16段
緑16段
イ
ロ
ハ
ニ
ホ

地割り…金糸
五角は16段ずつ2回かがる
青32段 ↗
えんじ32段
橙32段
緑32段
紫32段
黄32段

10等分の組み合わせ
花がるた
口絵カラー28ページ

土台まり／円周30cm（直径約9.5cm）。
地巻き糸／コスモの白い地巻き糸使用。
かがり糸／コスモ5番刺繍糸1本どり。赤（798）　えんじ（241）　黄濃淡（301・143）　緑濃淡（276・273）　ピンク濃淡（2105・112）　青濃淡（166・164）　グレー濃淡（153・2151）　金糸。

地割りとかがり方の順序

1 金糸で10等分の組み合わせの地割りをします。

2 五角10等分の長い線の$\frac{2}{5}$点を決め、**イ**～**ホ**の五角を地割り線まで赤で19段かがります。

3 同じ赤で五角の上に重ねて、上掛け千鳥で花

10等分の組み合わせ
加賀の麻
口絵カラー15ページ

土台まり／円周31cm（直径約10cm）。
地巻き糸／コスモの白い地巻き糸使用。
かがり糸／コスモ25番刺繍糸3本どり。緑（273）　濃オレンジ（757）　しつけ糸。

地割りとかがり方の順序

1 緑2本どりで10等分の組み合わせの地割りをします。

2 三角6等分の中が12等分になるように同じ緑で地割り線を増します。

3 しつけ糸で菱形の中心で交差させて六角をかがります（図の破線部分）。

10等分の組み合わせ
サイネリヤ
口絵カラー4ページ

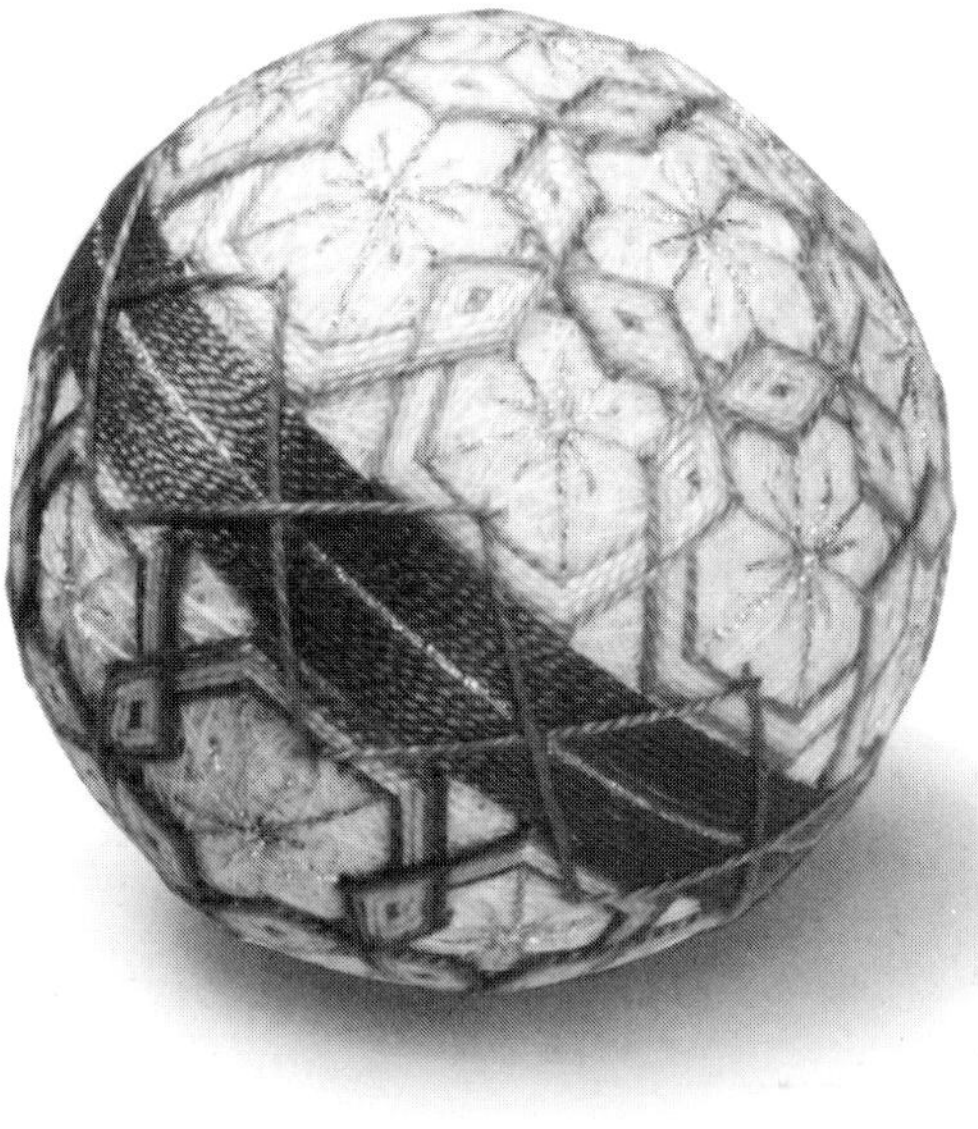

土台まり／円周28cm（直径約9cm）。
地巻き糸／コスモの白い地巻き糸使用。
かがり糸／コスモ5番刺繍糸1本どり。紫濃淡（286・283）　ピンク濃中淡（114・112・111）　緑（273）　金糸　しつけ糸。

地割りとかがり方の順序

1 しつけ糸で10等分の組み合わせの地割りをし、図の点線と太線のところに金糸をかけ、しつけ糸を取り去ると三角の集まりができます。

2 両極の中心**A**点を決め、さらに三角の$\frac{1}{2}$点を決めておきます。

をかがります。

い点より針を出し、ろ―は―に…と7段かがり、濃色（えんじ）で1段かがります。

4 表と裏側の2か所ずつを同色にして、**2**の五角に**3**の上掛け千鳥の花を重ねてかがります。

五角は淡色19段、上掛け千鳥は淡色7段、濃色1段かがります。

（田村小夜子）

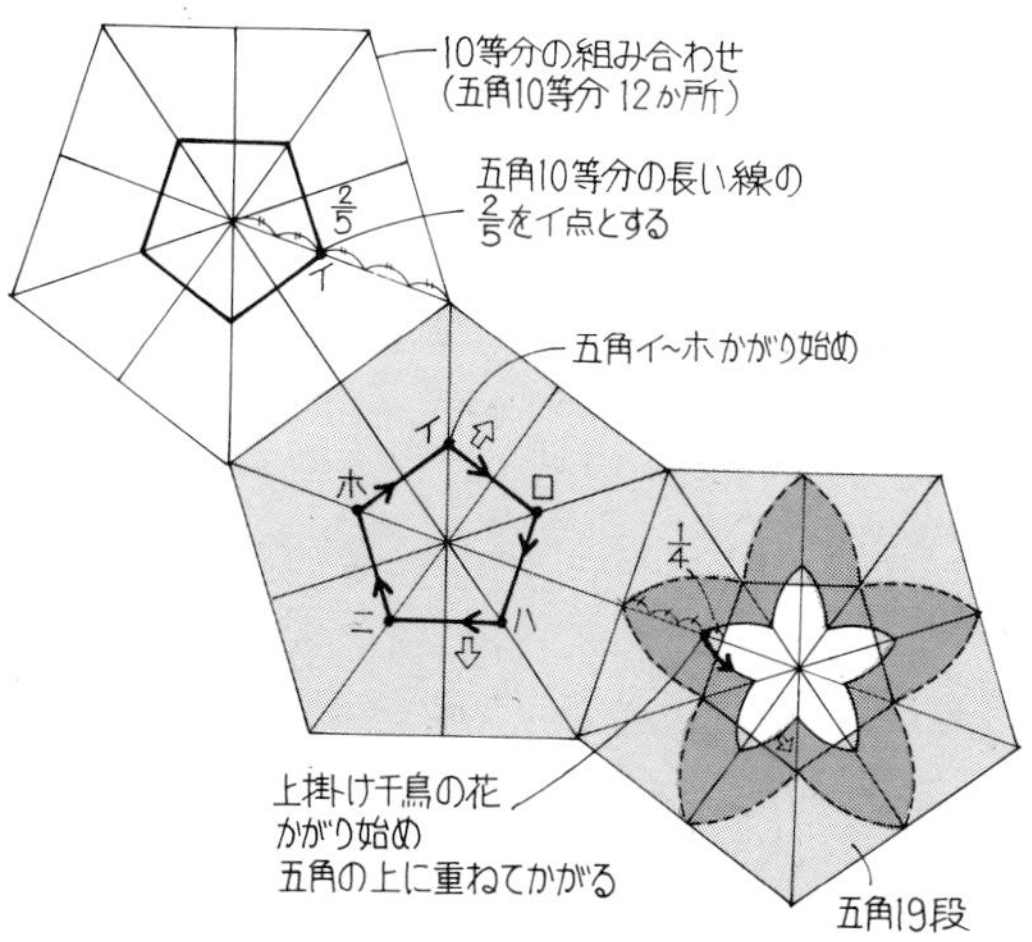

10等分の組み合わせ
（五角10等分 12か所）
五角10等分の長い線の
2/5をイ点とする
2/5
イ
五角イ～ホかがり始め
イ
ロ
ハ
ニ
ホ
1/4
上掛け千鳥の花
かがり始め
五角の上に重ねてかがる
五角19段

地割り…金糸

	五　角	上掛け千鳥
①	赤19段	赤7段 えんじ1段
②	淡黄19段	淡黄7段 濃黄1段
③	淡緑19段	淡緑7段 濃緑1段
④	ピンク19段	淡ピンク7段 濃ピンク1段
⑤	淡青19段	淡青7段 濃青1段
⑥	グレー19段	淡グレー7段 濃グレー1段

---

4 しつけ糸で**3**の六角に交差させて五角をかがります（図の点線部分）。

5 五角と六角の中の細かい三角の中にY字形かがりをします（図の太線部分）。

6 しつけ糸を取りながら、濃オレンジ3本どりで五角（12か所）と六角（20か所）の交差を3段ずつかがります。

（小出つや子）

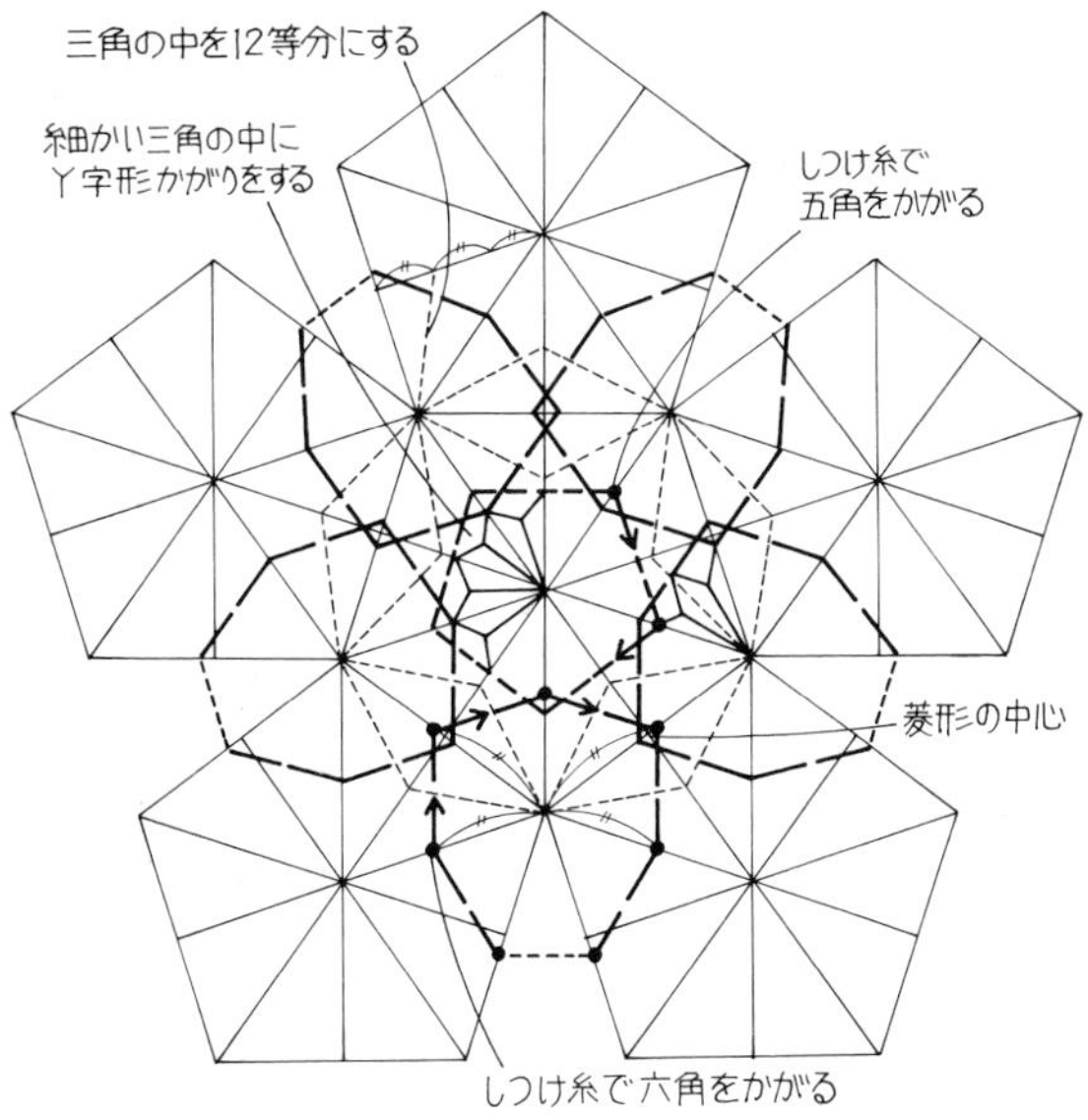

三角の中を12等分にする
細かい三角の中に
Y字形かがりをする
しつけ糸で
五角をかがる
菱形の中心
しつけ糸で六角をかがる

地割り…緑
- Y字形かがり
- 緑2本どり

- 五角12か所
- 濃オレンジ
- 3本どりで
- 3段

- 六角20か所
- 濃オレンジ
- 3本どりで
- 3段

---

3 イ～ホの五角6個とい～への六角10個をそれぞれのB点で交差させて、北半球（ピンク）と南半球（紫）に五角と六角合わせて各16個作ります。

ピンクは114を1段、111を2段、112を1段、114を1段の順にかがり、紫は286を1段、283を3段、286を1段とかがり、五角と六角共に合計5段かがります。

4 花のない部分を赤道として緑をすき間一杯に1.5cm16段巻いたあと、緑で千鳥かがりをして押え、花の中に金糸で松葉かがりをします。（山本敏子）

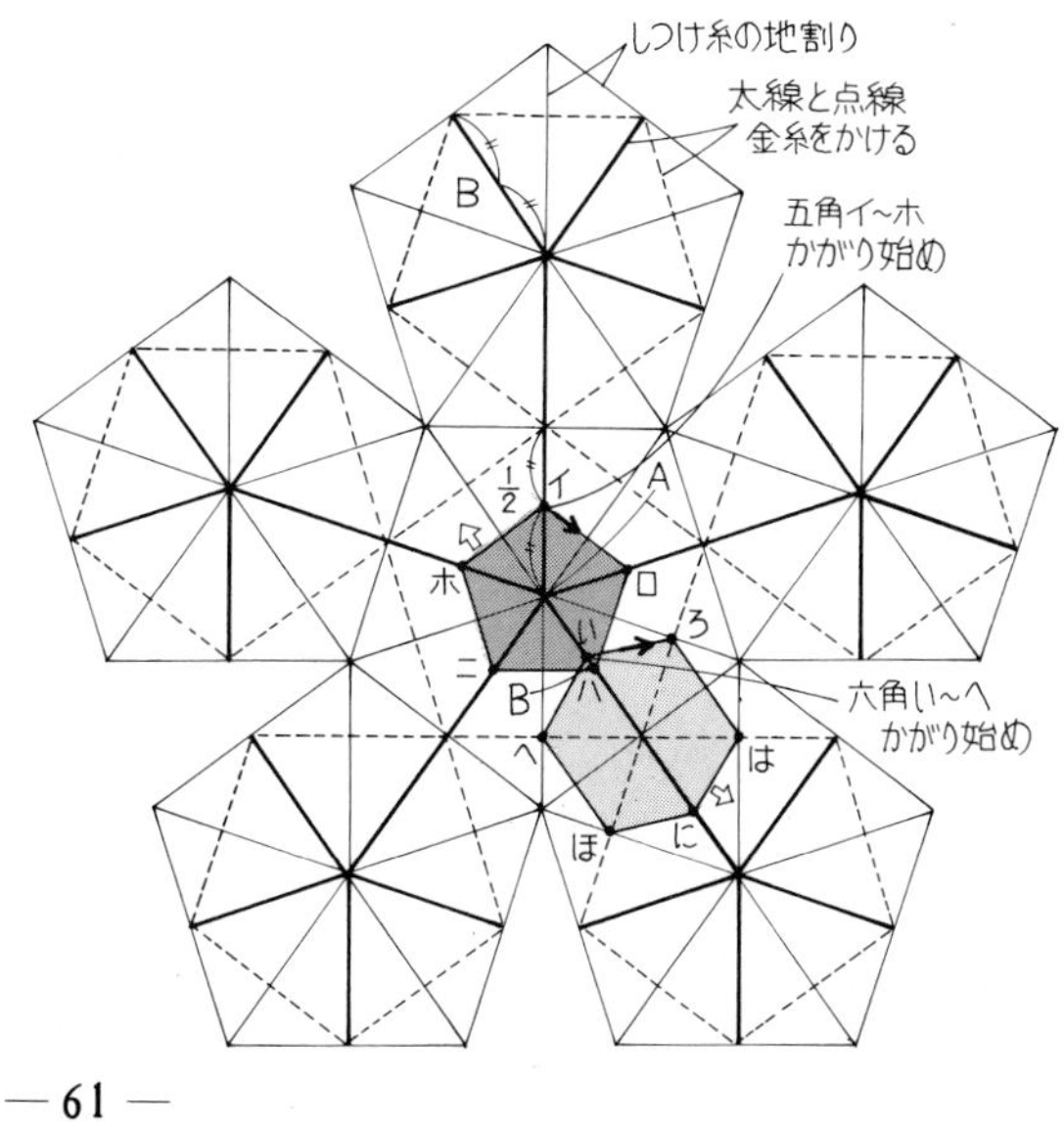

しつけ糸の地割り
太線と点線
金糸をかける
五角イ～ホ
かがり始め
B
1/2
イ
A
ロ
ホ
ニ
ハ
B
い
ろ
は
に
ほ
へ
六角い～へ
かがり始め

地割り…しつけ糸
（あとで取る）
- 北半球
- 五角6か所
- 六角10か所
- ピンク114を1段
- ピンク111を2段
- ピンク112を1段
- ピンク114を1段

- 南半球
- 五角6か所
- 六角10か所
- 濃紫1段
- 淡紫3段
- 濃紫1段

- 帯かがり
- 緑16段

- 松葉かがり
- 金糸

10等分の組み合わせ

変わり麻の葉

口絵カラー8ページ

土台まり／円周30cm（直径約9.5cm）。
地巻き糸／コスモの白い地巻き糸使用。
かがり糸／コスモ5番刺繍糸2本どり。えんじ（241）緑（276） 緑ラメ糸 金糸。

地割りとかがり方の順序

❶ 金糸で10等分の組み合わせの地割りをします。

❷ 五角10等分の中の、小さい三角の中心全部に待針を打ちます。

❸ 待針のきわを通りながら、**イ**—**ロ**—**ハ**—**ニ**—**ホ**—**ヘ**—**ト**—**チ**—**リ**—**ヌ**の星と**い**～**ほ**の五角を1段ずつ交互にかがります（配色は図参照）。

10等分の組み合わせ

麻の葉と三菱

カバー裏

土台まり／円周25cm（直径約8cm）。
地巻き糸／コスモの白い地巻き糸使用。
かがり糸／コスモ5番刺繍糸1本どり。ピンク濃淡（114・111） 青（164） 黄（143） 金糸。

地割りとかがり方の順序

❶ 金糸で10等分の組み合わせの地割りをします。

❷ **イ**点より針を出し、**イ**～**ホ**の五角を金糸1段で12か所にかがります（図の点線部分）。

❸ **い**点より針を出し、**い**～**ぬ**の花形を淡ピンク2段、濃ピンク2段で地割り線まで、12か所にかがります（破線部分）。

10等分の組み合わせ

三つの五角の交差

口絵カラー2ページ

土台まり／円周26cm（直径約8cm）。
地巻き糸／コスモの白い地巻き糸使用。
かがり糸／コスモ25番刺繍糸4本どり。赤（798）えんじ（241） 橙（145） 黄濃淡（143・141） 黒（600） 銀糸 金糸。

地割りとかがり方の順序

❶ 金糸で10等分の組み合わせの地割りをします。

❷ 図の**イ**点より針を出し、**イ**～**ホ**の大きな五角を全部で12か所に銀糸2本どりで3段かがります。

次は**A**～**E**の小さな五角（全部で12か所）を赤4本どりで2段かがります。

❹ 最後に緑ラメ糸1本どりで10等分の組み合わせの地割りをします。

（冨田　達）

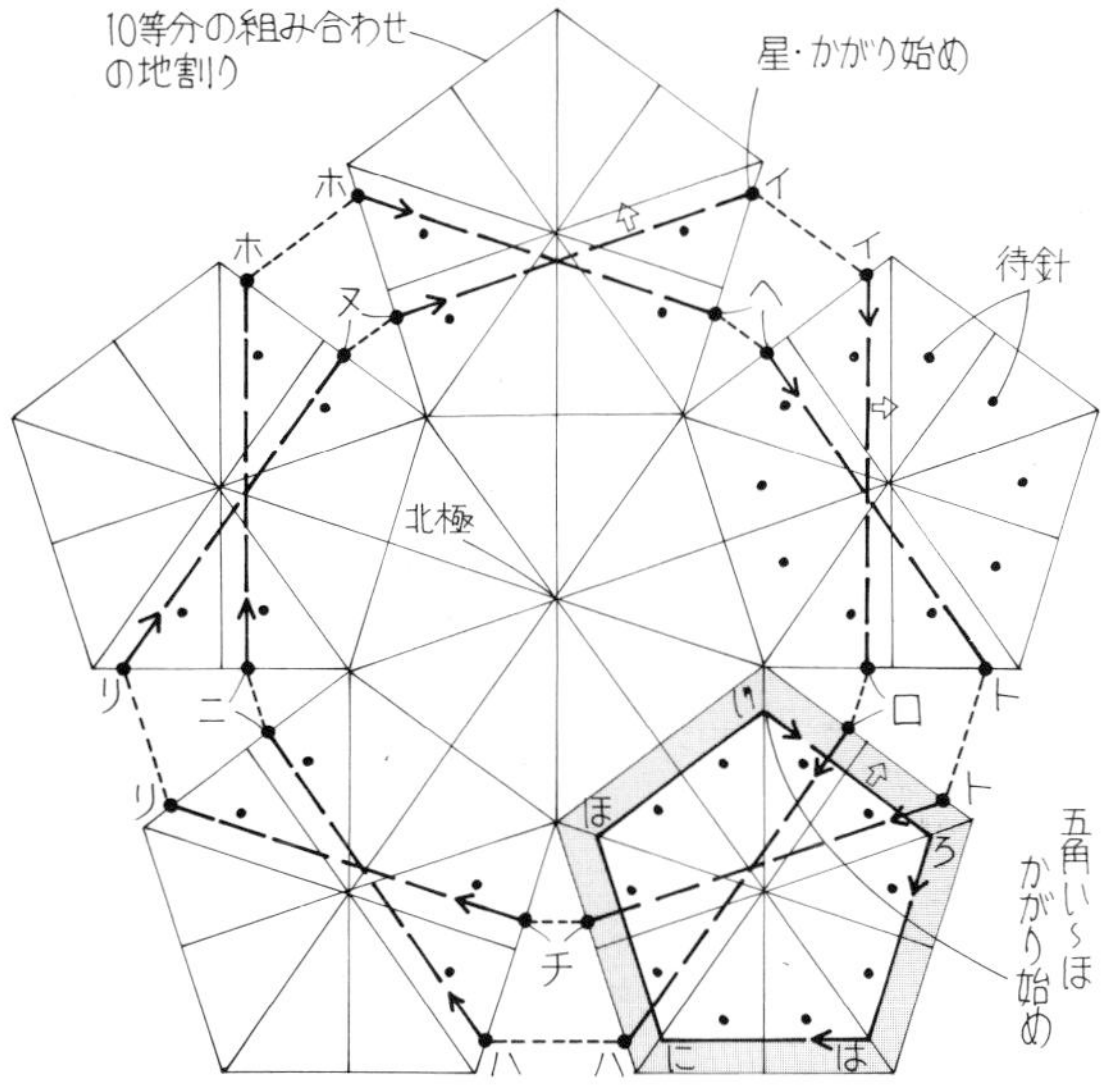

地割り…金糸		
	星かがり	五角
1	えんじ	緑
2	緑	えんじ
3	えんじ	緑
4	緑	えんじ
5	えんじ	緑
銀糸で10等分の組み合わせの地割り		

❹ 白土台の残ったところに、◎印から五角の交差の三菱を青2段、黄1段、青2段、黄1段、青2段でかがってでき上がりです。

（宮野佳子）

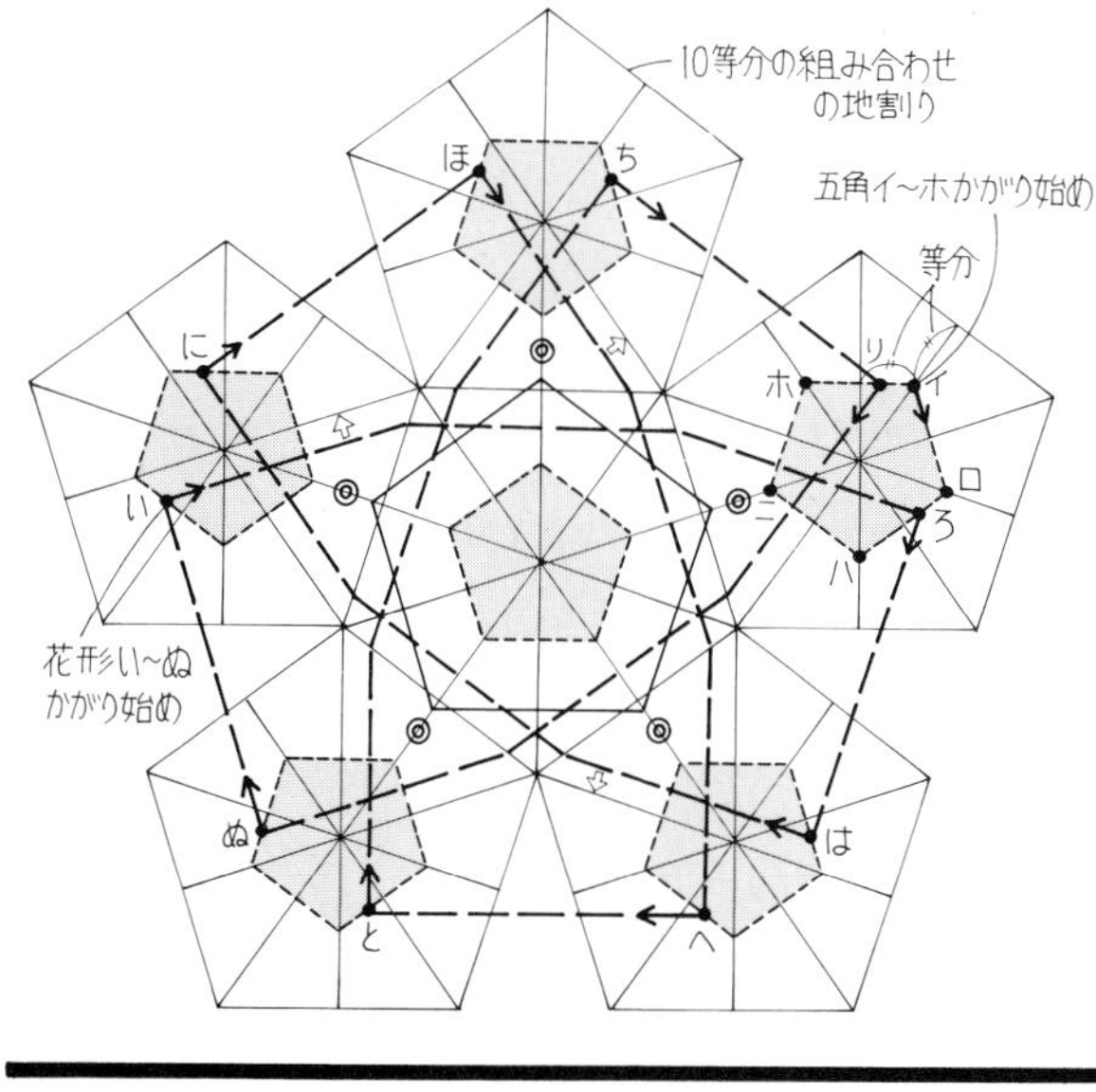

地割り…金糸
五角イ～ホ（12か所）
金糸1段
花形い～ぬ（12か所）
淡ピンク2段
濃ピンク2段
五角の交差
青2段
黄1段
青2段
黄1段
青2段

❹ さらにい～ほの五角（全部で12か所）を橙で1段かがります（三角の中心に亀甲ができる）。次からは大、小、中（❷、❸、❹）の五角を交互に繰り返し、かがり埋めます。

（森田伊津子）

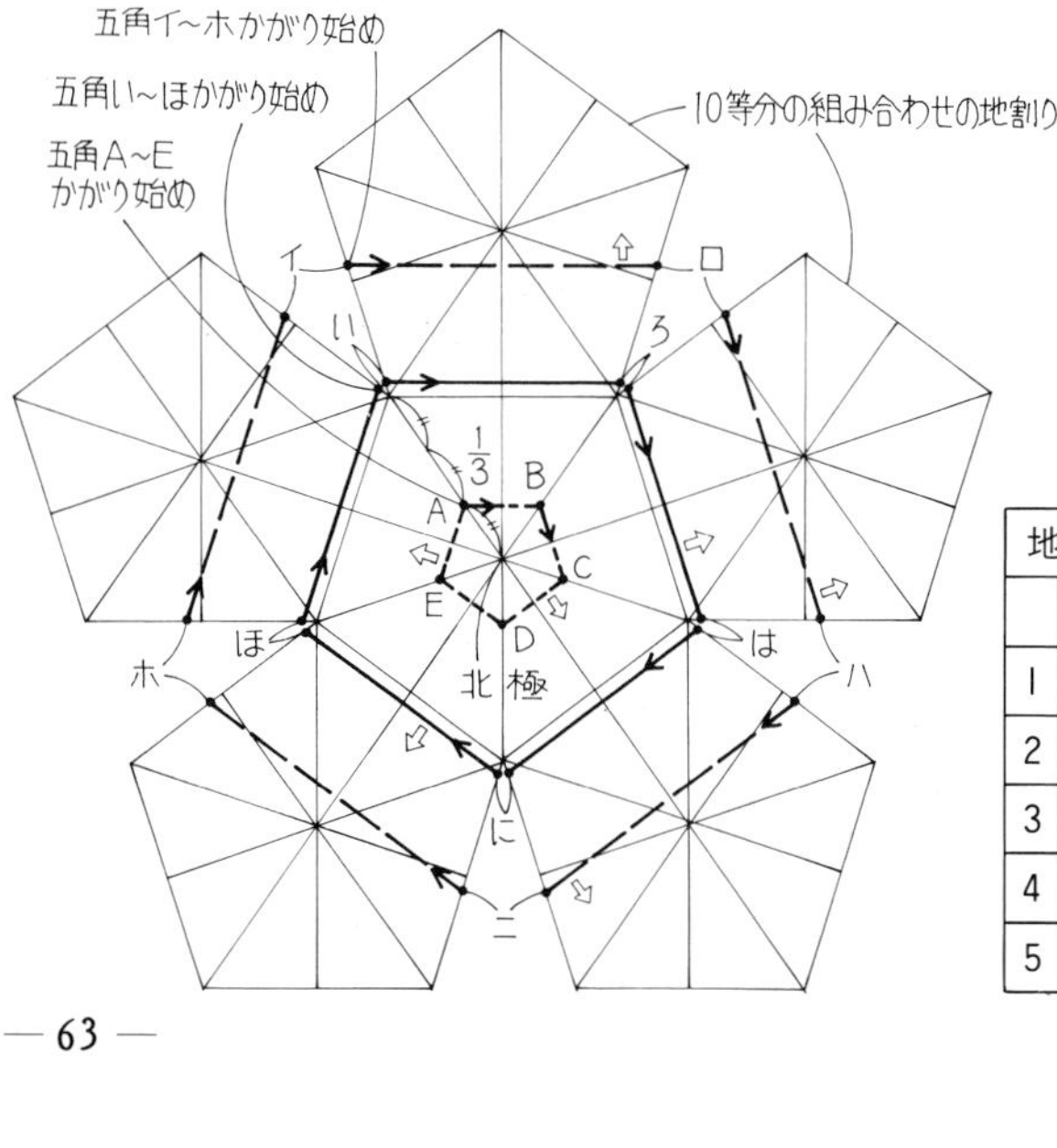

地割り…金糸			
	五角イ～ホ	五角A～E	五角い～ほ
1	銀糸3段	赤2段	橙1段
2	黒1段	赤2段	濃黄1段
3	黒1段	えんじ2段	淡黄1段
4	銀糸1段	えんじ1段	
5	黒1段		淡黄1段

くちなし

口絵カラー3ページ

円周28cmの淡緑の土台まり

金糸で10等分の組み合わせの地割り。五角10等分12か所の約1.2cm内側から地割りに向かって、5番刺繍糸の緑で五角を1段かがります。

菱形4等分の約0.7cm内側から地割りに向かって白で1段かがります。

次からは、五角（緑と黄）と菱形（白）をねじらせながら交差させてくちなしの花をかがり、花芯（しべ）を茶で入れ、黄でフレンチナッツステッチを中心にかがります。

（玉置澄代）

立山杉4

口絵カラー9ページ

円周27cmの白土台まり

銀糸で6等分の地割りをします。赤道の両側に、5番刺繍糸2本どりで金茶1段の帯を巻きます。

立山杉3（46ページ）の図を参照し、両半球交互に淡緑で山形かがりを1段ずつします。次は帯を茶で1段、山形を淡緑で1段かがり、帯と山形を1段ずつかがります。

交互に6回かがったら帯はかがらずに、山形を濃緑にかえて最後までかがり、立山杉3と同じように金茶で木の幹を入れます。

（田中久子）

三菱と三角

口絵カラー9ページ

円周33cmの白土台まり

金糸で10等分の組み合わせの地割り。25番刺繍糸の白3本どりで、菱形4等分の長い線の½点より少し上をすくって、大きい五角を2段、12か所にかがります。

次は前段にそって黒2段、白2段、黒2段を12か所交互にかがります。

同じくれんが色4本どりで、五角の中心まで約6段かがります。

次は五角の上に重ねて、五角の三菱を白2段、黒2段、白2段、黒2段でかがります。

（増田さわ子）

ミニバラ

口絵カラー12ページ

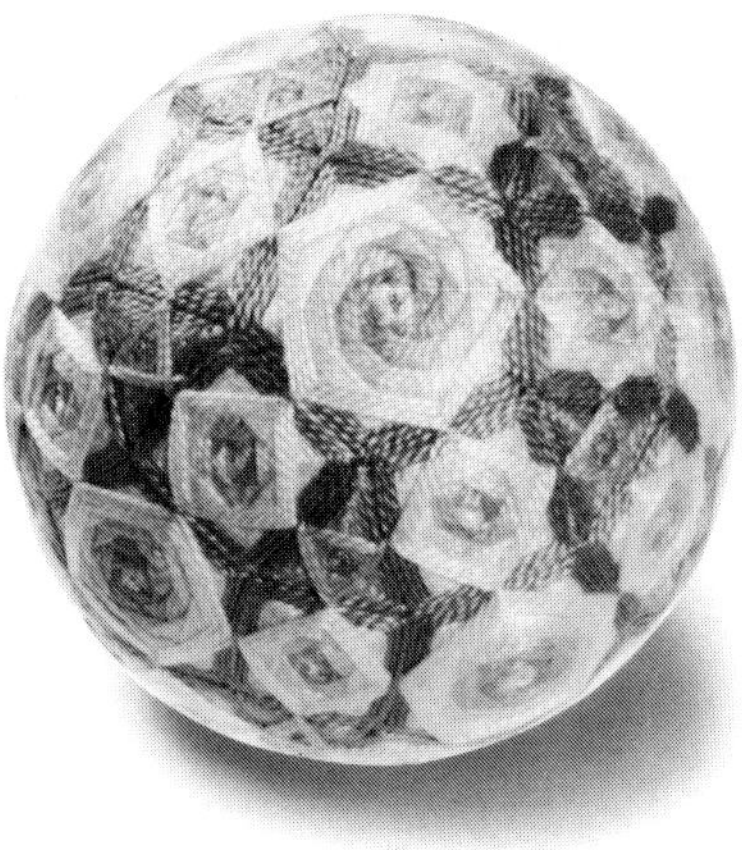

円周30cmの白土台まり

金糸で10等分の組み合わせの地割り。五角10等分の長い線の½点を結んで小さい五角を作り、その他の部分を四角と三角に分け、五角のバラを12個、四角のバラを30個、三角のバラを20個、色をかえてかがります。

5番刺繍糸1本どりで、五角は黄濃淡、オレンジ濃淡、橙などでかがり、四角は淡黄、ピンク濃淡で、三角は淡黄や赤、オレンジ濃淡でかがり、外側を全部黄緑で統一し、その上に外花弁をかがります。（飯盛宏子）

ねじり模様

口絵カラー13ページ

円周27cmの淡茶土台まり

金糸で8等分の組み合わせの地割り。4等分の組み合わせの地割りの両側を、5番刺繍糸の黒1本、淡茶5本、黒1本で巻きかがりをしますが、四角8等分の中心で四つ巴になるようにくぐらせます。

地割りでできた大きい三角よりも外側へ1cmずつ大きい三角を、巻きかがりと同じ幅（黒1段、淡茶5段、黒1段）でかがりますが、互いにねじり合うようにくぐらせます。

（中谷史子）

ねじり三菱とねじり三角

口絵カラー8ページ

円周26cmの白土台まり

金糸で8等分の組み合わせの地割り。三角6等分の短い線の$\frac{1}{2}$点を結んで大きい三角8か所を外側に向かって、5番刺繍糸の赤から順に朱濃淡で地割り線までかがりますが、四角の中心で四つ巴になるようにします。

四角8等分の短い線を結んでできる四角を緑と黄緑で各2段ずつ交互に3回繰り返し、最後に濃緑で2段かがりますが、この四角をねじり三菱になるように6か所にかがります。

（宮本久子）

三角と四角の交差

口絵カラー10ページ

円周30cmの白土台まり

金糸で8等分の組み合わせの地割り。四角8等分の長い線の$\frac{1}{2}$より、5番刺繍糸1本どりのえんじで三角を2段、白で四角を2段かがります。

各色2段ずつ交互にかがってそれぞれの糸を交差させますが、えんじはそのまま三角にかがり、白は、2回目から、えんじを2本ずつすくって平織りのようにくぐらせます。白は次々とすくう段が多くなり、最後にえんじと白の境に細かい紅白の市松模様が三角にできます。（脇田節子）

千鳥格子2

口絵カラー10ページ

円周27cmの白土台まり

金糸で8等分の組み合わせの地割り。菱形4等分12か所の中を縦横に糸を渡しながら、単独で仕上げます。

まず、5番刺繍糸1本どりで朱とピンクを4本ずつ交互に縦に渡します。次は、横から朱2本で朱4本とピンク2本をくぐらせて往復します。

同じように横から、今度はピンク2本で往復し、朱とピンクを交互に埋まるまで往復させます。

菱形12か所の境を、25番刺繍糸の黒で縁取りします。

（川端信子）

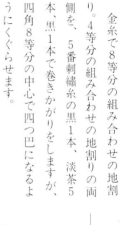

五角梅づくし

口絵カラー15ページ

円周31㎝の白土台まり

金糸で10等分の組み合わせの地割り。五角10等分12か所の約1㎝内側より、25番刺繍糸のピンク3本どりで松葉かがりの要領で梅をかがります。

五角(花)を中心に、星かがりを5番刺繍糸の黄緑1本どりで（12か所を）1段ずつ交互に3段かがります。

五角12か所のところに地割り線から約1㎝内側まで、緑の濃淡で五角をかがりますと、五角の中心12か所にピンクの梅の花が盛り上がってできます。

（中山小枝子）

五角かがりと八重菊

口絵カラー5ページ

円周26㎝の黒土台まり

金糸で10等分の組み合わせの地割り。25番刺繍糸の黄、水色、えんじ、白を各1本ずつの4本どりで五角12か所の外側を2段ずつ交差させてかがります。角《かど》に亀甲ができます。

五角12か所の中に黄、白、水色、茶、緑、えんじを各1本ずつの6本どりで、上掛け千鳥の八重菊を3段かがります。

亀甲の上に黄、水色、えんじ、白の4本どり（五角と同じ配色）で松葉かがりをします。

（冨田　達）

ステンドグラスのバラ

口絵カラー28ページ

円周28㎝の白土台まり

金糸で10等分の組み合わせの地割り。両極の五角10等分の中心より金糸、25番刺繍糸（4本どり）の黄、橙、えんじ、ピンク、紫、ピンクの順に、間に黒を入れて縁取りしながらバラかがりを、回りの5個の五角の中心までします。

両極にできた2個の花の空間、帯状のところに緑や青など葉を表現するような色で三角かがりを10か所にし、その上にバラかがりを足して黒で縁取りします。

（三本迦代子）

ステンドグラスの星

口絵カラー28ページ

円周28㎝の白土台まり

金糸で10等分の組み合わせの地割り。三角6等分の短い線を結んで三角20か所を隣と接するまでかがります。

25番刺繍糸4本どりの黄、橙、緑、青、ピンク、金茶、紫、赤などの色で同じ色が隣り合わせにならないようにねじらせながらかがります。

星形が残るので紺で星かがりを2段して、星の中心に残った五角を赤、紫、青、ピンク、えんじ、緑（2か所ずつ同色）で単独にかがって埋めます。

（三本迦代子）

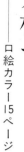

サボテン2

口絵カラー25ページ

円周27㎝の黒土台まり

金糸で10等分の組み合わせの地割りをし、さらに五角10等分の中が20等分になるよう地割り線を増します。

五角12か所の地割り線上に、5番刺繍糸の濃緑で三つ羽根亀甲を1段かがります。

五角の中心より約0.7㎝あけて地割り線のところを、白黒交互に7段、返し針でかがります。

7段めのきわをすくって千鳥かがりを白で1段かがります。

（片倉ヒサエ）

小菊と葉っぱ

口絵カラー24ページ

円周27㎝の黒土台まり

25番刺繍糸の黄緑3本どりで8等分の組み合わせの地割りをし、さらに菱形が24等分になるように地割り線を増します。

菱形の中心に25番刺繍糸の黄3本どりでアウトラインステッチを0.2㎝間隔で2周したあと、朱濃淡で八重菊かがりを菱形12か所の中にそれぞれかがります。

見えている四角8等分の地割り線に緑や黄緑で葉を表現します（カラー参照）。

（三本迦代子）

バラ八輪

口絵カラー15ページ

円周24㎝の白土台まり

金糸で8等分の組み合わせの地割りをし、三角6等分が12等分になるように地割り線を増します。

四角8等分6か所に25番刺繍糸の緑4本どりで、四角を各1段かがります。

三角12等分8か所に、四角（緑）の上から三角を交差させてかがります。

四角と三角を交互に緑の濃淡で縞柄にかがり、三角12等分の中心の残っているところに金糸、白、ピンク濃淡でバラをかがります。（川端信子）

カナダのかえで

カバー裏

円周33㎝の白土台まり。

金糸で8等分の組み合わせの地割り。四角8等分の長い線の½点を結んでできる四角を、5番刺繍糸の緑で2段かがります。

三角6等分の短い線の½点（緑の四角との交点）を結ぶ小さい三角8か所を紫で2段かがります。

大きな三角（紫の小さい三角との交点にもなる）8か所を、同じ紫で2段かがり、次からはこの3個の図形を交互に四角が埋まるまでかがってでき上がりです。

（宮原浩子）

裂《きれ》てまり——口絵カラー14ページ

円周26cmの白土台まり。日本髪のてがらの鹿の子のきれを赤道上にとじつけ、その他の両極には同色の無地を使います。きれの上から金糸で16等分の地割りをし、上掛け千鳥でぼたん菊をかがります。

5番刺繍糸の黄、ピンク濃淡で約7段かがります。

（田中久子）

花《はな》籠《かご》——口絵カラー4ページ

円周30cmの黒土台まり。金糸で8等分の組み合わせの地割り。三角6等分の各辺を6等分し、5番刺繍糸の緑濃淡でかご目をかがりますが、四角の短い線の$\frac{1}{2}$を結ぶ四角の内側にはかがらず、この四角の中に25番刺繍糸3本どりの黄1段、赤4段で上掛け千鳥の花をかがります。（保田瀬津子）

三角筐《がたみ》——口絵カラー8ページ

円周31cmの白土台まり。金糸で8等分の組み合わせの地割り。大きい三角8か所のうち4か所を先にかがり、残り4か所をかがるときに、前にかがった三角と平織りのようにくぐらせます（写真参照）。三角は青、緑、黄、オレンジ、ピンク、青緑、グレー、茶の濃中淡でかがります。

（佐藤綾子）

小花1——口絵カラー25ページ

円周28cmの黒土台まり。金糸で8等分の組み合わせの地割りをし、三角6等分の中を12等分に補助線を入れ、この補助線を使って辺の約1cm内側より、六角を5番刺繍糸の黄、茶、白と金糸でかがります。

六角と四角の中に松葉かがりの方法で小花を赤、ピンク、紫、黄でかがります。（田中久子）

かすり1——口絵カラー9ページ

円周30cmの白土台まり。金糸で8等分の組み合わせの地割り。菱形4等分の中がさらに8等分になるように補助線を入れます。5番刺繍糸のグレー2本どりで、巻きかがりと大きい四角をかがり、紺2本どりで小さい四角と三角を交互にかがり、全体を埋めます。

（中谷史子）

かすり2——口絵カラー9ページ

用周26cmの白土台まり。金糸で8等分の組み合わせの地割り。菱形4等分の中がさらに8等分になるように補助線を入れます。5番刺繍糸のグレー2本どりで、大きい三角8か所をかがり、紺2本どりで小さい三角と四角を交互にかがりますが、1か所色を反対にして変化をつけます。（中谷史子）

矢絣——口絵カラー13ページ

円周34cmの白土台まり。金糸で8等分の組み合わせの地割り。市松模様の応用ですが、三角を4か所ずつ5番刺繍糸のピンクと紺11段ずつ交差させてかがります。

グラフ用紙に矢羽根を描いておいて2色の交差するところで1本ずつ段をつけて矢羽根の模様を表現します。（嘉宮信子）

市松模様——口絵カラー13ページ

円周35cmの白土台まり。金糸で8等分の組み合わせの地割り。大きい三角8か所のうち、4か所ずつを5番刺繍糸の赤、白8段ずつで交差させてかがります。

赤と白の糸の交差するところには、赤白の市松模様が枡《ます》形にできます。その他は白い三角4か所、赤い三角4か所できます。（嘉宮信子）

四つ葉と麻の葉——口絵カラー3ページ

円周27cmの朱色土台まり。金糸で8等分の組み合わせの地割り。5番刺繍糸の白で四角のところに四つ葉、三角のところに亀甲ができるように地割りをします。

亀甲の中に白で麻の葉をかがり、四角には白と朱で上掛け千鳥の四つ葉を交差にかがり、四つ葉の中をつむ型クロスで埋めます。（佐藤綾子）

蝶A——口絵カラー11ページ

円周30cmの白土台まり。金糸で8等分の組み合わせの地割り。地割りでできた四角と三角を交互にかがりますが、蝶の模様が浮きでるように、段数を加減して四角かがりにくぐらせたりします。

5番刺繍糸で四角は青と白の縞柄に、三角は黄色でそれぞれ交差させます。

（飯盛宏子）

巻きと四角・三角の交差——口絵カラー6ページ

円周27cmの白土台まり。金糸で8等分の組み合わせの地割り。5番刺繍糸（1本どり）のえんじで三角を2段、四角を白で2段、三角の外回りになる4等分の組み合わせの地割りの両側に、茶で2本ずつ巻きます。

次からは、三角2段、四角4段、巻きかがりを交互に繰り返し四角で終わります。（小林春樹）

麻の葉とバラ——口絵カラー5ページ

円周31cmの水色土台まり。しつけ糸で8等分の組み合わせの地割り。四角6か所の中に黄2段、濃ピンク4段、ピンク6段、淡ピンク7段でバラをかがり、菱形の中にピンク112で麻の葉をかがります。バラの最後に白4段を重ねてかがり、しつけの地割りをとります。

（飯盛宏子）

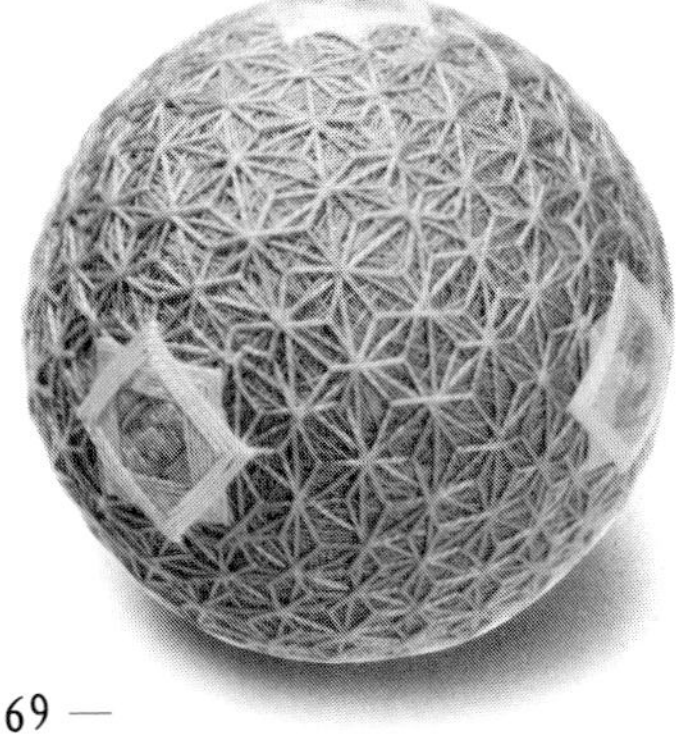

小花2——口絵カラー24ページ

円周28cmの黒土台まり。紺ラメ糸で10等分の組み合わせの地割り。紺ラメ糸で三角の中にY字形かがりで麻の葉をかがります。

五角と三角の中心に、5番刺繍糸の白と淡緑で松葉かがりの方法で小花をかがり、赤とピンクで小花の中心に松葉かがりを小さくします。(田中久子)

星のねじり——口絵カラー6ページ

円周27cmの白土台まり。金糸で10等分の組み合わせの地割り。五角10等分の短い線の中央より星をかがり始めますが、12個の星を三角の中心で六つ巴になるようにします。5番刺繍糸の緑、えんじ、白を各3段、紫2段、金糸1段でかがります。五角と菱をねじっても同じ模様ができます。(田原とめ子)

桜——口絵カラー3ページ

円周33cmの黄緑土台まり。黄緑ラメ糸で10等分の組み合わせの地割り。菱形4等分の長い線を中心に、5番刺繍糸1本どりのピンク濃淡でつむ型をかがるのと五角10等分の約1cm内側から五角を緑の濃淡でかがるのを交互に繰り返します。五角12か所の中に桜の花ができます。(中谷史子)

バラと三つ羽根亀甲——口絵カラー5ページ

円周27cmの淡緑土台まり。銀糸で10等分の組み合わせの地割り。三角の長い線上に5番刺繍糸の緑で下掛け千鳥の連続で三つ葉をかがり、その上に紫濃淡で三つ羽根亀甲を連続で4段かがります。五角10等分の中心を花芯として紫の濃淡で五角のバラかがりを12か所にします。(中山小枝子)

五角と三角の交差——口絵カラー7ページ

円周27cmの白土台まり。金糸で10等分の組み合わせの地割り。三角20か所と五角12か所を25番刺繍糸4本どりで2段ずつ交互にかがり、全体を埋めます。三角はグレー濃淡、青濃淡、紺の5色を用いて、五角は朱1色でそれぞれかがります。五角は1色なので変わった感じになります。(平塚恵子)

五角の交差——口絵カラー3ページ

円周30cmの白土台まり。金糸で10等分の組み合わせの地割り。五角12か所をそれぞれ地割りから外側に向かって5番刺繍糸の赤2本どりで5段、金糸1段、黒3段で交互にかがり埋めます。

最後に五角の中心が残りますので、五角かがりを赤5段かがって埋めます。(真下はる)

つづれ麻の葉――――**カバー表**

円周24cmの白土台まり。金糸で10等分の組み合わせの地割り。5番刺繍糸の10cm～20cmぐらいの使い残りの糸で麻の葉をかがって全体を埋めます。

何色もの色糸を使いますので、最後に金糸と黒でかがって全体を引き締めるのがポイントです。

全体を埋める模様全部に応用できる手法です。（片倉ヒサエ）

五角と三角の交差――――**口絵カラー5ページ**

円周33cmの赤土台まり。金糸で10等分の組み合わせの地割り。五角を25番刺繍糸4本どりの青の濃淡で、三角を赤でそれぞれ1段ずつ交差させて各7段かがります。全体をかがり埋めずに、赤の土台と五角10等分の地割り線（金糸）を生かしたところがポイントです。

（平塚恵子）

八重桜――――**口絵カラー5ページ**

円周34cmの白土台まり。金糸で10等分の組み合わせの地割りをし、五角10等分の中を20等分に地割り線を増します。菱形を5番刺繍糸の赤～朱の濃淡で、三角を白で、十角形を緑の濃淡でかがります。赤と白の交差で花が大部分でき上がり、まわりの十角を緑の淡色からぼかします。（嘉宮信子）

綾とり星――――**口絵カラー2ページ**

円周27cmの黒土台まり。金糸で10等分の組み合わせの地割り。地割り線の両側に、5番刺繍糸の黄を1本ずつ巻きます。

ピンクと水色を1本ずつ撚《よ》り合わせて2本どりにして、五角12か所の中に星かがりをします。

糸を平均に撚るときれいです。

（古井敏子）

こもも――――**口絵カラー4ページ**

円周30cmの白土台まり。金糸で10等分の組み合わせの地割りをし、さらに地割り線を増して五角を12個、六角を30個にします。五角も六角も長い線の$\frac{1}{2}$点より、5番刺繍糸の黄緑で1段、角《かど》を結んだ三角をピンクで2段かがり、交互に3回繰り返したあと五角、六角に埋めます。（飯盛宏子）

つむ型と三つ羽根亀甲――――**口絵カラー3ページ**

円周33cmの紺土台まり。紺ラメ糸で10等分の組み合わせの地割り。菱形4等分の長い線上に、5番刺繍糸1本どりで白6段、水色1段のつむ型を30か所にかがります。

五角の地割り線上に、連続して三つ羽根亀甲を濃緑3段、緑ラメ糸1段でかがります。

（中谷史子）

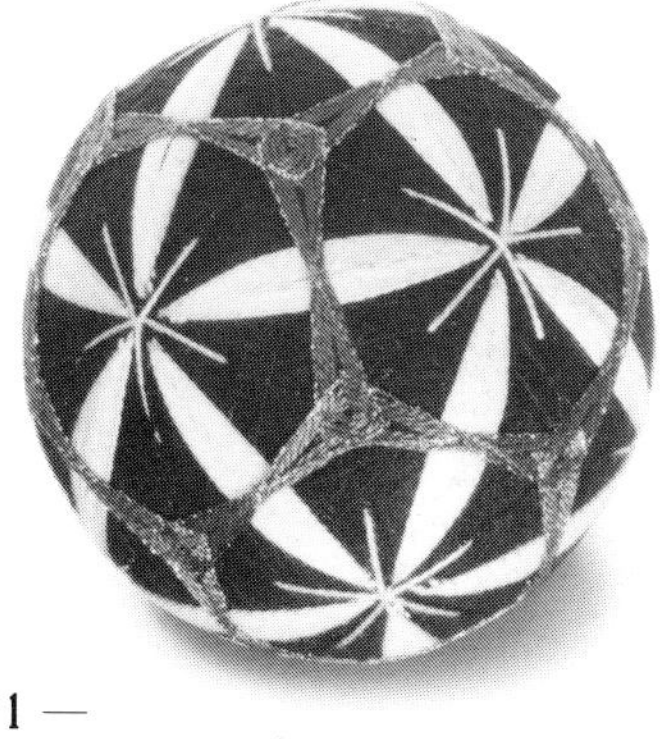

■房《ふさ》作りと結び方（菊結び）

房はⅠ図を参照してリリヤーンで作ります。太さ0.3cm、丈50cmの打ちひもを、横より縦を約2cm長くしてⅡ図のように置いて**い～に**を待針で固定し、**イ～ニ**を点線のように四つだたみします。**い～に**の待針をはずし、**イ～ニ**を反対に折り曲げて四つだたみをして菊結びのでき上がりです。ひもの太さによって菊結びの丈を加減します。

Ⅰ図　房の作り方

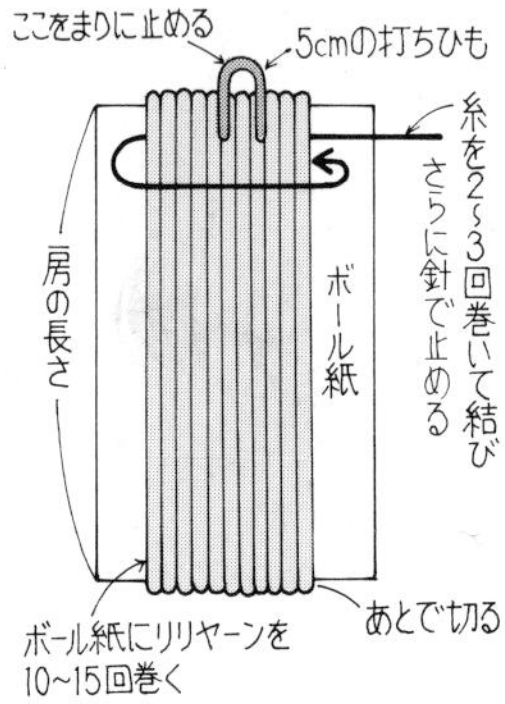

ここをまりに止める
5cmの打ちひも
糸を2～3回巻いて結びさらに針で止める
房の長さ
ボール紙
ボール紙にリリヤーンを10～15回巻く
あとで切る

Ⅱ図

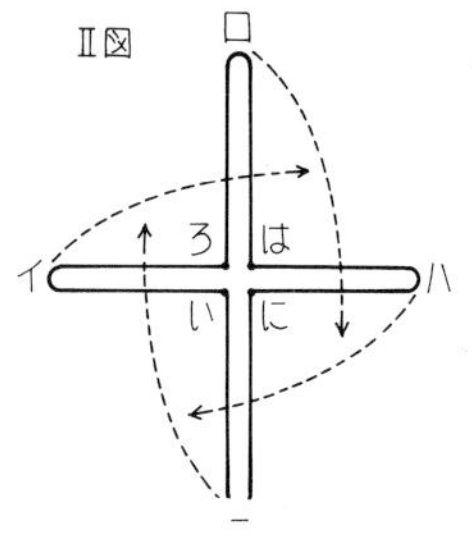

ロ
イ
ろ
は
ハ
い
に
ニ

Ⅲ図

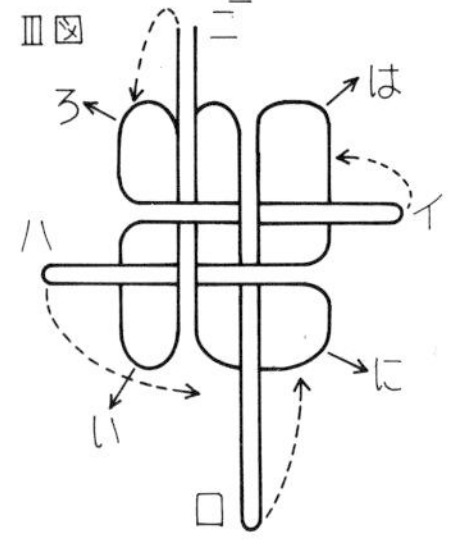

ろ
は
イ
ハ
に
い
ロ

Ⅳ図

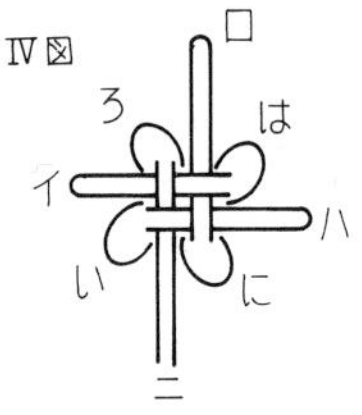

ロ
ろ
は
イ
ハ
い
に
ニ

■似顔てまり

円周21cmの白土台まり。金糸で4等分の地割りをし、**イ**点を交差点としてその交差点をはさむ二辺の地割りにそって25番刺繍糸の茶127を6本どりで内側へ向かって1段巻きます（図の破線部分）。

次は同じように**ロ**点を交差点として茶2311で、**ハ**点を交差点として茶305でそれぞれ内側に巻きます。

各色交互に巻くのを繰り返して全体を埋め、各交差点をリボンで止めてから、眉と目を黒で、口を赤で自由に表情をかがります。

（滝本宏子）

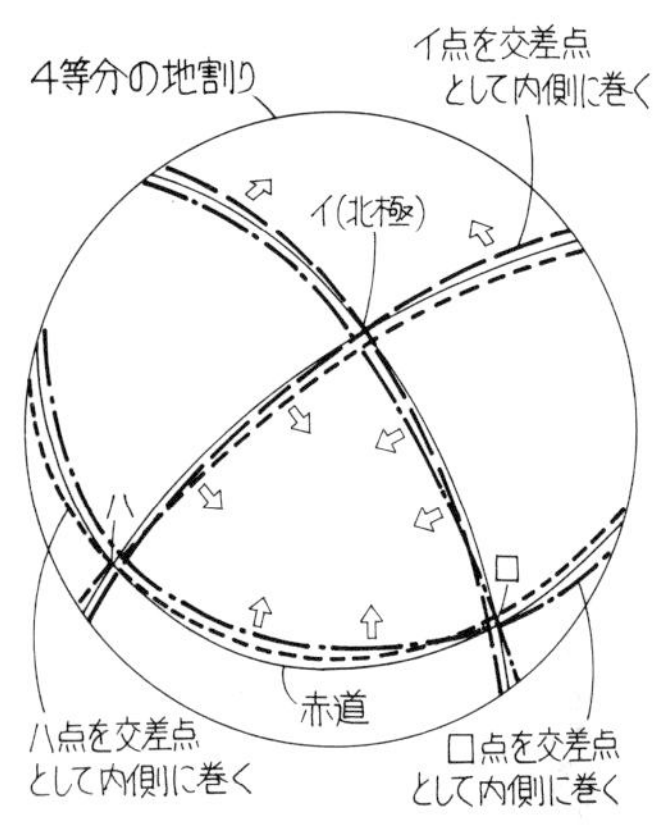

4等分の地割り
イ点を交差点として内側に巻く
イ(北極)
ハ
ロ
赤道
ハ点を交差点として内側に巻く
ロ点を交差点として内側に巻く

●楽しい手づくりシリーズ

3集　新しいてまり

著　者　尾《お》崎《ざき》千《ち》代《よ》子《こ》

発行者　田　波　清　治

発行所　株式会社　マ　コ　ー　社　

〒113-0033　東京都文京区本郷4―13―7

TEL　東京(03)3813―8331(代)

FAX　東京(03)3813―8333

郵便振替／00190―9―78826番

印刷所　大日本印刷株式会社

平成11年12月29日 7版発行

ISBN4-8377-0281-3